Proti takýmto veciam nie je zákon

Ovocie Ducha

Proti takýmto veciam nie je zákon

Dr. Jaerock Lee

Proti takýmto veciam nie je zákon autor Dr. Jaerock Lee
Vydavateľstvo Urim Books (Predstaviteľ: Sungnam Vin)
73, Yeouidaebang-ro 22-gil, Dong, Dongjak Gu, Soul, Kórea
www.urimbooks.com

Všetky práva vyhradené. Táto kniha alebo jej časti nesmú byť reprodukované v žiadnej podobe, uložené vo vyhľadávacom systéme alebo prenášané v akejkoľvek forme alebo akýmikoľvek prostriedkami, elektronicky, mechanicky, fotokópiami, záznamom alebo inak bez predchádzajúceho písomného súhlasu vydavateľa.

Pri preklade biblických citátov z angličtiny do slovenčiny bol použitý zdroj: Svätá Biblia, Jozef Roháček, 2007. Použité s dovolením.

Copyright © 2020 by Dr. Jaerock Lee
ISBN: 979-11-263-0557-5 03230
Translation Copyright © 2014 by Dr. Esther K. Chung. Použité so súhlasom.

Pôvodne vydané v kórejskom jazyku v roku 2009 vydavateľstvom Urim Books

Prvé vydanie február 2020

Tidigare utgiven på koreanska 2009 av Urim Books, Seoul, Korea

Editoval Dr. Geumsun Vin
Navrhol Editorial Bureau of Urim Books
Vytlačil Yewon Printing Company
Pre viac informácií kontaktujte urimbooks@hotmail.com

*„No ovocie Ducha je láska, radosť, pokoj, trpezlivosť,
zhovievavosť, dobrota, vernosť, miernosť, zdržanlivosť.
Proti takýmto veciam nie je zákon."*

Gal 5, 22-23

Predslov

Kresťania získavajú pravú slobodu,
keď prinášajú ovocie Ducha Svätého,
proti ktorému nie je žiadny zákon.

Každý človek musí dodržiavať pravidlá a predpisy vo svojej situácii. Ak ľudia majú pocit, že tieto zákony sú ako okovy, ktoré ich zväzujú, budú cítiť záťaž a bolesť. A len preto, že cítia záťaž, ak nasledujú rozptýlenie a neporiadok, nie je to sloboda. Keď sa budú oddávať takýmto veciam, budú mať len pocit márnosti, a nakoniec ich bude čakať len večná smrť.

Pravou slobodou je oslobodenie od večnej smrti a od všetkých sĺz, smútku a bolesti. Je to tiež kontrola pôvodnej prirodzenosti, ktorá nám dáva tieto veci a získanie sily na ich prekonanie. Boh lásky nechce, aby sme akýmkoľvek spôsobom trpeli, a z tohto dôvodu zaznamenal v Biblii spôsoby, ako sa môžeme tešiť z večného života a pravej slobody.

Keď zločinci alebo tí, ktorí porušili zákon krajiny, vidia policajtov, znervóznejú. Ale tí, ktorí veľmi dobre dodržiavajú zákon, nemajú tento pocit, ale práve naopak, môžu vždy požiadať políciu o pomoc a s políciou sa cítia bezpečnejšie.

Rovnako tí, ktorí žijú v pravde, nemajú z ničoho strach a tešia sa z pravej slobody, pretože chápu, že Boží zákon je cestou k požehnaniu. Môžu sa tešiť zo slobody ako veľryby, ktoré plávajú v oceáne a orly, ktoré lietajú na oblohe.

Boží zákon môže byť všeobecne rozdelený na štyri časti. Hovorí nám určité veci konať, nekonať, dodržiavať a odvrhnúť. V priebehu času je svet stále viac ušpinený hriechmi a zlom, a preto stále viac ľudí považuje Boží zákon za veľkú záťaž a nedodržiavajú ho. Keď izraelský ľud počas starozákonnej doby nedodržiaval Mojžišov zákon, veľmi trpel.

Preto Boh poslal Ježiša na túto zem a oslobodil všetkých ľudí spod kliatby zákona. Bezhriešny Ježiš zomrel na kríži a každý, kto v Neho verí, môže byť skrze vieru spasený. Keď ľudia dostanú dar Ducha Svätého prijatím Ježiša Krista, stávajú sa Božími deťmi a vedení Duchom Svätým môžu tiež prinášať ovocie Ducha Svätého.

Keď do nášho srdca príde Duch Svätý, pomáha nám pochopiť

hlboké Božie veci a žiť podľa Božieho slova. Napríklad, keď niekomu nedokážeme odpustiť, On nám pripomína odpustenie a lásku Pána a pomáha nám odpustiť tomuto človeku. Potom môžeme rýchlo odhodiť zlo z nášho srdca a nahradiť ho dobrotou a láskou. Keď týmto spôsobom prinášame ovocie Ducha Svätého skrze vedenie Duchom Svätým, budeme sa nielen tešiť zo slobody v pravde, ale tiež dostaneme pretekajúcu Božiu lásku a požehnanie.

Prostredníctvom ovocia Ducha môžeme zistiť, do akej miery sme sa posvätili, ako blízko sa môžeme dostať k Božiemu trónu, a do akej miery sme v sebe kultivovali srdce Pána, ktorý je naším ženíchom. Čím viac ovocia Ducha prinášame, tým do jasnejšieho a krajšieho nebeského príbytku vstúpime. Aby sme sa dostali v nebi do Nového Jeruzalema, musíme v plnosti a kráse prinášať všetky druhy ovocia, nielen niektoré z nich.

Toto dielo *Proti takýmto veciam nie je zákon* nám pomocou konkrétnych príkladov umožňuje ľahko pochopiť duchovné významy deviatich ovocí Ducha Svätého. Spolu s duchovnou láskou opísanou v 1 Kor 13 a Blahoslavenstvami v Mt 5, ovocie Ducha Svätého je ukazovateľom smeru, ktorý nás vedie k správnej viere. Povedie nás až dovtedy, kým nedosiahneme konečný cieľ našej viery, Nový Jeruzalem.

Ďakujem Geumsunovi Vinovi, riaditeľovi redakcie, a zamestnancom a v mene Pána sa modlím, aby ste prostredníctvom tejto knihy rýchlo prinášali deväť ovocí Ducha Svätého a mohli sa tak tešiť z pravej slobody a stali sa obyvateľmi Nového Jeruzalema.

Jaerock Lee

Proti takýmto veciam nie je zákon

Úvod

Ukazovateľ smeru na našej ceste viery
do Nového Jeruzalema v nebi

V dnešnom modernom svete je každý zaneprázdnený. Ľudia pracujú a drú, aby vlastnili mnoho vecí a tešili sa z nich. Ale aj napriek tomu majú niektorí ľudia ešte stále nejaké vlastné životné ciele, aj napriek svetovému trendu, ale aj títo ľudia sa z času na času zamýšľajú nad tým, či skutočne žijú správny život. V tom momente sa môžu pozrieť späť na svoje životy. Na našej ceste viery aj my môžeme rýchlo rásť a dostať sa do nebeského kráľovstva skratkou, keď sa riadime Božím slovom.

Kapitola 1, „Prinášať ovocie Ducha," vysvetľuje veci o Duchu Svätom, ktorý oživuje mŕtveho ducha, ktorý zomrel v dôsledku Adamovho hriechu. Hovorí nám o tom, že ovocie Ducha Svätého môžeme hojne prinášať vtedy, keď nasledujeme túžby Ducha Svätého.

Kapitola 2, „Láska" nám hovorí, čo predstavuje prvé ovocie Ducha – láska. Tiež poukazuje na niektoré skazené formy lásky, ktoré vznikli od Adamovho pádu a ukazuje nám spôsob, ako kultivovať lásku, ktorá potešuje Boha.

Kapitola 3, „Radosť" hovorí, že radosť je hlavnou normou, vďaka ktorej môžeme zistiť, či je naša viera správna a vysvetľuje dôvod, prečo sme stratili radosť z prvej lásky. Hovorí nám o troch spôsoboch prinášania ovocia radosti, vďaka ktorému sa môžeme radovať a byť šťastní za všetkých okolností a v akejkoľvek situácii.

Kapitola 4, „Pokoj" uvádza, že je dôležité zničiť múry hriechov, aby sme mali pokoj s Bohom, a že musíme zachovať pokoj sami so sebou, ako aj so všetkými ľuďmi. Tiež nám pomáha pochopiť, že v procese vytvárania pokoja je dôležité hovoriť slová dobroty a premýšľať z pohľadu iných ľudí.

Kapitola 5, „Trpezlivosť," vysvetľuje, že pravá trpezlivosť nie je len potlačenie zlých pocitov, ale byť trpezliví s dobrým srdcom, v ktorom niet žiadneho zla, a že dosiahneme veľké požehnanie, keď máme pravý pokoj. Tiež ju môžeme rozdeliť na tri druhy trpezlivosti: trpezlivosť zmeniť srdce iného človeka; trpezlivosť s ľuďmi; trpezlivosť v súvislosti s Bohom.

Kapitola 6, „Zhovievavosť," nás na príklade Pána učí, aký druh človeka je zhovievavý. Na základe charakteristík zhovievavosti nám tiež hovorí o rozdieloch v „láske". Nakoniec nám ukazuje spôsob, ako získať Božiu lásku a požehnanie.

Kapitola 7, „Dobrota," rozpráva o srdci dobroty na príklade Pána, ktorý sa nehádal ani nekričal; nalomenú trstinu nedolomil a tlejúci knôt neuhasil. Tiež odlišuje dobrotu od iných druhov ovocia, aby sme mohli prinášať ovocie dobroty a vydávať vôňu Krista.

Kapitola 8, „Vernosť," nás učí o tom, aké požehnanie získame, keď sme verní v celom Božom dome. Na príkladoch Mojžiša a Jozefa nám pomáha pochopiť, aký druh človeka prináša ovocie vernosti.

Kapitola 9, „Miernosť," vysvetľuje význam miernosti v očiach Boha a popisuje charakteristiky tých, ktorí prinášajú ovocie miernosti. Používa obraz štyroch druhov pôdy na vysvetlenie, čo by sme mali robiť, aby sme prinášali ovocie miernosti. Nakoniec nám hovorí o požehnaniach pre miernych.

Kapitola 10, „Zdržanlivosť," popisuje dôvod, prečo je zdržanlivosť posledným ovocím spomedzi deviatich ovocí Ducha Svätého, rovnako ako dôležitosť zdržanlivosti. Ovocie zdržanlivosti je nevyhnutné, pretože vykonáva kontrolu nad ostatnými ôsmimi ovociami Ducha Svätého.

Kapitola 11, „Proti takýmto veciam nie je zákon," je záverom tejto knihy, ktorá nám pomáha pochopiť význam nasledovania Ducha Svätého a chce, aby sa všetci čitatelia pomocou Ducha Svätého rýchlo stali ľuďmi celého ducha.

Nemôžeme povedať, že máme veľkú vieru len preto, že sme už

dlhú dobu veriacimi, alebo preto, že máme rozsiahle vedomosti o Biblii. Miera viery je daná mierou, do akej sme zmenili naše srdce na srdcia pravdy, a do akej miery sme kultivovali srdce Pána.

Dúfam, že všetci čitatelia budú schopní skontrolovať svoju vieru a pod vedením Ducha Svätého hojne prinášať deväť ovocí Ducha Svätého.

Geumsun Vin,
Riaditeľ redakcie

Obsah
Proti takýmto veciam nie je zákon

Predslov · vii

Úvod · xi

Kapitola 1
Prinášať ovocie Ducha — 1

Kapitola 2
Láska — 13

Kapitola 3
Radosť — 27

Kapitola 4
Pokoj — 45

Kapitola 5
Trpezlivosť — 65

Kapitola 6
Zhovievavosť					83

Kapitola 7
Dobrota						99

Kapitola 8
Vernosť						115

Kapitola 9
Miernosť					133

Kapitola 10
Zdržanlivosť					155

Kapitola 11
Proti takýmto veciam nie je zákon		171

Gal 5, 16-21

„Hovorím však: Žite podľa Ducha a nebudete spĺňať žiadosti tela. Lebo telo si žiada proti Duchu a Duch proti telu. Navzájom si odporujú, aby ste nerobili, čo by ste chceli. Ale ak vás vedie Duch, nie ste pod zákonom. A skutky tela sú zjavné: smilstvo, nečistota, chlipnosť, modloslužba, čary, nepriateľstvá, svár, žiarlivosť, hnevy, zvady, rozbroje, roztržky, závisť, opilstvo, hýrenie a im podobné. O tomto vám vopred hovorím, ako som už skôr povedal, že tí, čo robia také veci, nebudú mať účasť na Božom kráľovstve."

Kapitola 1

Prinášať ovocie Ducha

Duch Svätý oživuje mŕtveho ducha
Prinášať ovocie Ducha
Túžby Ducha Svätého a telesné túžby
Neochabujme v konaní dobra

Prinášať ovocie Ducha

Ak by vodiči mohli jazdiť po prázdnej diaľnici, mali by vcelku osviežujúci pocit. Ale ak idú cez túto oblasť prvýkrát, museli by jazde venovať zvýšenú opatrnosť a byť v strehu. Ale čo ak majú v aute navigačný systém GPS? Budú mať k dispozícii podrobné informácie o prevádzke na cestách a správnu navigáciu, aby dosiahli cieľ bez toho, aby sa stratili.

Naša cesta viery na našej ceste do nebeského kráľovstva je veľmi podobná. Tých, ktorí veria v Boha a žijú podľa Jeho slova, Duch Svätý chráni a vedie v predstihu, a tak sa môžu vyhnúť mnohým prekážkam a ťažkostiam života. Duch Svätý nás vedie na najkratšiu a najjednoduchšiu cestu k nášmu cieľu – nebeskému kráľovstvu.

Duch Svätý oživuje mŕtveho ducha

Prvý človek Adam bol živým duchom, keď ho Boh stvoril a vdýchol mu do nozdier dych života. „Dych života" je „moc obsiahnutá v pôvodnom svetle", a bol odovzdaný Adamovým potomkom, keď žili v raji Edenu.

Avšak, keď sa Adam a Eva dopustili hriechu neposlušnosti a boli vyhnaní na túto zem, nič už nebolo také, ako predtým. Boh vzal z Adama a Evy väčšinu dychu života a nechal v nich len malú časť z neho, a to sa nazýva „semeno života." Ale toto semeno života nemohlo prejsť z Adama a Evy na ich deti.

A tak v šiestom mesiaci tehotenstva Boh dáva semeno života duchu dieťaťa a ukladá ho v jadre bunky v srdci, ktoré je centrálnou časťou ľudskej bytosti. V prípade tých, ktorí neprijali Ježiša Krista, semeno života zostáva neaktívne, rovnako ako semeno, ktoré má na povrchu tvrdú škrupinu. Hovoríme, že pokiaľ je semeno života neaktívne, duch je mŕtvy. Kým duch zostáva mŕtvy, človek nemôže získať večný život, ani vojsť do nebeského kráľovstva.

Od Adamovho pádu boli všetky ľudské bytosti predurčené zomrieť. Aby mohli opäť získať večný život, museli im byť odpustené ich hriechy, čo bolo pôvodnou príčinou smrti a ich mŕtvi duchovia museli byť oživení. Z tohto dôvodu Boh lásky poslal Jeho jednorodeného Syna Ježiša na túto zem ako zmiernu obetu a otvoril cestu spásy. Konkrétne, Ježiš vzal na seba všetky hriechy celého ľudstva a zomrel na kríži, aby oživil nášho mŕtveho ducha. Stal sa cestou, pravdou a životom, aby všetci ľudia získali večný život.

Preto, keď prijmeme Ježiša Krista za svojho osobného Spasiteľa, naše hriechy sú odpustené; stávame sa Božími deťmi a dostanete dar Ducha Svätého. Mocou Ducha Svätého sa semeno života, ktoré bolo neaktívne, pokryté tvrdou škrupinou, prebudí a stane sa aktívnym. To sa stane vtedy, keď mŕtvy duch ožije. Ako je napísané v Jn 3, 6: „... to, čo sa narodilo z Ducha, je duch." Semeno, ktoré vyklíčilo, môže rásť iba v prípade, že má dostatok vody a slnka. Rovnakým spôsobom musí mať semeno života duchovnú vodu a svetlo, aby po vyklíčení mohlo rásť. Konkrétne to znamená, že na to, aby náš duch rástol, musíme sa naučiť Božie slovo, ktoré je duchovnou vodou a musíme konať podľa Božieho slova, ktoré je duchovným svetlom.

Duch Svätý, ktorý prišiel do našich sŕdc, nám umožňuje dozvedieť sa o hriechu, spravodlivosti a súde. Pomáha nám odhodiť hriechy a neprávosti a žiť v spravodlivosti. Dáva nám silu, aby sme mohli myslieť, hovoriť a konať v pravde. On nám tiež pomáha viesť život vo viere, majúc vieru a nádej na nebeské kráľovstvo, aby náš duch mohol veľmi dobre rásť. Uvediem príklad, aby ste to lepšie pochopili.

Predpokladajme, že je tu dieťa, ktoré bolo vychované v šťastnej rodine. Jedného dňa išlo na vrchol hory a pri pohľade na krajinu zakričalo: „Haló!" Ale potom mu niekto odpovedal presne rovnakým spôsobom: „Haló!" Prekvapený chlapec sa opýtal: „Kto si?" a ten druhý to po ňom zopakoval. Chlapec sa nahneval, že ho táto osoba napodobňovala a povedal: „Chceš sa so mnou biť?" A vrátili sa mu rovnaké slová. Zrazu mal pocit, že ho niekto sleduje a dostal strach.

Rýchlo zišiel z hôr a povedal o tom mame. Povedal: „Mami, v horách žije veľmi zlý človek." Ale mama mu s nežným úsmevom odpovedala: „Myslím si, že ten chlapec v horách je dobrý chlapec a mohol by byť tvojím priateľom. Prečo nejdeš zajtra znova do hôr ospravedlniť sa?" Ráno chlapec vyšiel znova až na vrchol hory a zvolal mocným hlasom: „Ospravedlňujem sa za včerajšok! Budeme priatelia?" Vrátila sa mu rovnaká odpoveď.

Matka nechala syna samého uvedomiť si celú situáciu. Aj Duch Svätý nám pomáha na našej ceste viery ako nežná matka.

Prinášať ovocie Ducha

Keď je semeno zasiate, vyklíči, vyrastie a zakvitne a po odkvitnutí dostávame ovocie. Podobne, keď semeno života v nás, ktoré je zasadené Bohom, vyklíči skrze Ducha Svätého, vyrastie a prináša ovocie Ducha Svätého. Avšak, nie každý, kto dostal dar Ducha Svätého, prináša ovocie Ducha Svätého. Ovocie Ducha môžeme prinášať len vtedy, keď sa necháme Duchom Svätým viesť. Ducha Svätého je možné prirovnať ku generátoru na výrobu elektrickej energie. Elektrina je generovaná, keď je generátor zapnutý. Pokiaľ je tento generátor pripojený na žiarovku a dodáva elektrickú energiu, žiarovka bude svietiť. Kde je svetlo, nie je tma. Rovnakým spôsobom, keď v nás pôsobí Duch Svätý, temnota zmizne z nášho vnútra, pretože do nášho srdca príde svetlo. Potom môžeme prinášať ovocie Ducha Svätého. Mimochodom, je tu jedna dôležitá vec. Aby žiarovka svietila, pripojenie na generátor neurobí nič. Niekto ten generátor musí spustiť. Boh nám dal generátor nazvaný Duch Svätý a sme to my, kto musí spustiť tento generátor – Ducha Svätého.

Aby sme dokázali spustiť generátor Ducha Svätého, musíme byť na pozore a vrúcne sa modliť. Máme tiež nasledovať vedenie Ducha Svätého, aby sme nasledovali pravdu. Keď sa riadime pokynmi a naliehaním Ducha Svätého, môžeme povedať, že nasledujeme túžby Ducha Svätého. Budeme plní Ducha Svätého, keď usilovne nasledujeme túžby Ducha Svätého, a tým sa naše srdcia zmenia s pravdou. V plnosti Ducha Svätého budeme prinášať ovocie Ducha Svätého.

Keď z nášho srdca odvrhneme všetku hriešnu prirodzenosť a za pomoci Ducha Svätého kultivujeme srdce ducha, začne sa formovať ovocie Ducha Svätého. Ale rovnako, ako sa rýchlosť dozrievania a veľkosť hroznových bobúľ na rovnakom strapci líšia, niektoré ovocie Ducha Svätého môže byť plne zrelé, zatiaľ čo ostatné ovocie Ducha Svätého nie je. Človek môže prinášať ovocie lásky v hojnosti, zatiaľ čo jeho ovocie zdržanlivosti nie je dostatočne zrelé. Alebo ovocie vernosti nejakého človeka je plne zrelé, zatiaľ čo jeho ovocie miernosti nie je.

Avšak, s postupom času úplne dozrie každá bobuľa hrozna a celý strapec bude plný veľkých, tmavofialových bobúľ. A rovnako, ak budeme prinášať všetko ovocie Ducha Svätého v plnosti, znamená to, že sme sa stali človekom celého ducha, po ktorom Boh najviac túži. Takí ľudia budú vydávať vôňu Krista v každom aspekte ich života. Budú jasne počuť hlas Ducha Svätého a uskutočňovať silu Ducha Svätého, aby vzdali slávu Bohu. Pretože sa úplne podobajú Bohu, budú mať kvalifikáciu na vstup do Nového Jeruzalema, kde je Boží trón.

Túžby Ducha Svätého a telesné túžby

Keď sa snažíme nasledovať túžbu Ducha Svätého, je tam iný druh túžby, ktorý nás ruší. Je to telesná túžba. Telesné túžby nasledujú nepravdy, ktoré sú opakom Božieho slova. Nútia nás konať také veci ako žiadostivosť tela, žiadostivosť očí a chváliaca sa pýcha života. V dôsledku nich pácháme hriechy a konáme neprávosť a nespravodlivosť.

Nedávno ma prišiel požiadať istý muž o modlitbu, aby sa prestal pozerať na obscénne materiály. Povedal, že keď sa začal pozerať na tie veci, nebolo to z potešenia, ale preto, aby pochopil, ako tieto veci ovplyvňujú ľudí. Ale potom, čo sa na ne pozrel raz, neustále si na tieto scény spomínal a chcel sa na ne pozerať znova. Ale v jeho vnútri na neho Duch Svätý naliehal, aby sa na ne nepozeral, a preto sa trápil.

V tomto prípade bolo jeho srdce rozrušené skrze žiadostivosť očí, a to z vecí, ktoré videl a počul očami a ušami. Ak neodhodíme túto žiadostivosť tela, ale aj naďalej ju budeme prijímať, čoskoro prijmeme nepravdivé veci dvakrát, trikrát a štyrikrát, a toto číslo bude naďalej rásť.

Z tohto dôvodu Gal 5, 16-18 hovorí: *„Hovorím však: Žite podľa Ducha a nebudete spĺňať žiadosti tela. Lebo telo si žiada proti Duchu a Duch proti telu. Navzájom si odporujú, aby ste nerobili, čo by ste chceli. Ale ak vás vedie Duch, nie ste pod zákonom."*

Na jednej strane, keď sa riadime túžbami Ducha Svätého, máme v našom srdci pokoj a budeme šťastní, pretože Duch Svätý sa raduje. Na druhej strane, ak budeme nasledovať telesné túžby, naše srdce sa bude trápiť, pretože Duch Svätý bude v nás nariekať. Zároveň stratíme plnosť Ducha, a tak bude pre nás stále ťažšie nasledovať túžby Ducha Svätého.

Pavol o tom hovoril v Rim 7, 22-24: *„Lebo podľa vnútorného človeka s radosťou súhlasím s Božím zákonom, ale vo svojich údoch vidím iný zákon, ktorý bojuje proti zákonu môjho rozumu a drží ma v zajatí zákona hriechu, ktorý je v mojich údoch. Ja úbohý človek! Kto ma vytrhne z tohto tela smrti?"* Podľa toho, či nasledujeme túžby Ducha Svätého, alebo tie telesné, môžeme sa stať buď Božími deťmi, ktoré sú spasené, alebo deťmi temnoty, ktoré idú cestou smrti.

Gal 6, 8 hovorí: *„Pretože kto rozsieva pre svoje telo, z tela bude žať porušenie. Ale kto rozsieva pre Ducha, z Ducha bude žať večný život."* Ak budeme nasledovať telesné túžby, budeme konať iba skutky tela, ktoré sú hriechmi a neprávosťou, a nakoniec nevstúpime do nebeského kráľovstva (Gal 5, 19-21). Ale ak budeme nasledovať túžby Ducha Svätého, budeme prinášať deväť ovocí Ducha Svätého (Gal 5, 22-23).

Neochabujme v konaní dobra

Prinášame ovocie Ducha a staneme sa pravými Božími deťmi do tej miery, do akej konáme vo viere nasledovaním Ducha Svätého. V ľudskom srdci je však srdce pravdy a srdce nepravdy. Srdce pravdy nás vedie k nasledovaniu túžob Ducha Svätého a životu podľa Božieho slova. Srdce nepravdy nás vedie k nasledovaniu telesných túžob a životu v tme.

Napríklad, dodržiavanie Pánovho dňa svätým je jedným z desiatich prikázaní, ktoré Božie deti musia dodržiavať. Ale veriaci, ktorý vlastní obchod a má slabú vieru, môže mať v srdci konflikt, mysliac si, že príde o zisk, keď bude v nedeľu jeho obchod zatvorený. Telesné túžby ho povedú k myšlienkam: „Čo keby bol obchod zatvorený každý druhý týždeň? Alebo, čo keby som sa v nedeľu zúčastnil rannej bohoslužby a moja žena by išla na večernú bohoslužbu, aby sme sa v obchode mohli striedať?" Ale túžby Ducha Svätého mu pomôžu poslúchať Božie slovo tým, že mu pomôžu porozumieť: „Keď budem dodržiavať Pánov deň svätý, Boh mi dá väčší zisk, ako keby som mal obchod otvorený v nedeľu."

Duch Svätý pomáha našej slabosti a prihovára sa za nás nevysloviteľnými vzdychmi (Rim 8, 26). Keď konáme podľa pravdy nasledovaním tejto pomoci Ducha Svätého, budeme mať v našom srdci pokoj a naša viera bude zo dňa na deň rásť.

Božie slovo napísané v Biblii je pravda, ktorá sa nikdy nezmení; je to dobrota sama. Božím deťom dáva večný život, a je to svetlo, ktoré ich vedie k večnému šťastiu a radosti. Božie deti, ktoré sú vedené Duchom Svätým, by mali ukrižovať telo spolu s ich vášňou a túžbou. Mali by tiež nasledovať túžby Ducha Svätého podľa Božieho slova a neochabovať v konaní dobra.

Mt 12, 35 hovorí: *„Zatiaľ čo dobrý človek vynáša dobré veci z dobrého pokladu svojho srdca, zlý človek vynáša zlé veci zo zlého pokladu."* Preto musíme vrúcnou modlitbou odhodiť z nášho srdca zlo a hromadiť si dobré skutky.

A Gal 5, 13-15 hovorí: *„Lebo vy ste povolaní pre slobodu, bratia. Len aby sloboda nebola zámienkou pre telo, ale navzájom si slúžte v láske. Lebo celý zákon je zhrnutý v jednom príkaze, a to: Milovať budeš svojho blížneho ako seba samého! Ale ak sa medzi sebou hryziete a žeriete, dajte si pozor, aby ste sa navzájom neskántrili"* a Gal 6, 1-2 znie: *„Bratia, keby aj niekoho pristihli pri nejakom poklesku, vy, čo ste vedení Duchom, napravte ho v duchu miernosti a každý daj si pozor sám na seba, aby si i ty nepadol do pokušenia. Jedni neste bremená druhých, a tak naplníte Kristov zákon."*

Keď budeme nasledovať také Božie slová, ako tie uvedené vyššie, môžeme prinášať ovocie Ducha v hojnosti a staneme sa ľuďmi ducha a celého ducha. Potom dostaneme všetko, o čo v modlitbe prosíme a vstúpime do Nového Jeruzalema vo večnom nebeskom kráľovstve.

11

Prinášať ovocie Ducha

1 Jn 4, 7-8

„Milovaní, milujme sa navzájom,

lebo láska je z Boha a každý, kto miluje, narodil sa z Boha a pozná Boha.

Ten, kto nemiluje, nepozná Boha, pretože Boh je láska."

Proti takýmto veciam nie je zákon

Kapitola 2

Láska

Najvyššia úroveň duchovnej lásky
Telesná láska sa v priebehu času mení
Duchovná láska, ktorá dáva vlastný život
Pravá láska k Bohu
Aby bolo možné prinášať ovocie lásky

Láska

Láska je silnejšia, ako si ľudia dokážu predstaviť. Silou lásky môžeme zachrániť tých, ktorí sú Bohom opustení a idú cestou smrti. Láska im môže dať novú silu a povzbudenie. Ak zakryjeme chyby iných ľudí silou lásky, budú sa diať úžasné zmeny a budú dávané veľké požehnania, pretože Boh pracuje uprostred dobroty, lásky, pravdy a spravodlivosti.

Jeden výskumný tím sociológov vykonal štúdiu na 200 študentoch, ktorí žili v chudobných štvrtiach mesta Baltimore. Tím dospel k záveru, že títo študenti mali len malú šancu a malú nádej na úspech. Ale vykonali nadväzujúci výskum na rovnakých študentoch o 25 rokov neskôr a výsledok bol úžasný. 176 študentov z 200 sa stali spoločensky úspešnými jedincami ako právnici, lekári, kazatelia alebo podnikatelia. Samozrejme, že výskumníci sa ich spýtali, ako sa im podarilo prekonať také nepriaznivé prostredie, ako to, v ktorom vyrastali a všetci uviedli meno konkrétneho učiteľa. Tento učiteľ dostal otázku, ako dokázal spôsobiť také úžasné zmeny a odpovedal: „Iba som ich miloval a oni to jednoducho vedeli."

Čo je teda láska, prvé ovocie z deviatich ovocí Ducha Svätého?

Najvyššia úroveň duchovnej lásky

Všeobecne môže byť láska rozdelená na telesnú lásku a duchovnú lásku. Telesná láska hľadá svoj vlastný prospech. Je to bezvýznamná láska, ktorá sa s časom mení. Ale duchovná láska sa usiluje o prospech druhých a nikdy sa v žiadnej situácii nezmení. 1 Kor 13 podrobne vysvetľuje túto duchovnú lásku.

„Láska je trpezlivá, láska je dobrotivá, nezávidí, láska sa nevystatuje a nenadúva; nespráva sa neslušne, nehľadá svoj prospech, nerozčuľuje sa, nepočíta krivdy; neraduje sa z neprávosti, ale raduje sa z pravdy" (v 4-7).

Ako sa teda odlišuje ovocie lásky v Gal 5 od duchovnej lásky v 1 Kor 13? Láska ako ovocie Ducha Svätého zahŕňa obetavú lásku, s ktorou človek obetuje aj vlastný život. Je to láska, ktorá je na vyššej úrovni, ako je láska v 1 Kor 13. Ide o najvyššiu úroveň duchovnej lásky.

Ak budeme prinášať ovocie lásky a dokážeme obetovať za ostatných aj vlastné životy, potom môžeme milovať všetko a všetkých. Boh nás miloval nekonečnou láskou a Pán nás miloval celým Jeho životom. Ak máme v nás túto lásku, môžeme obetovať aj vlastný život za Boha, Jeho kráľovstvo a Jeho spravodlivosť. Navyše, pretože milujeme Boha, môžeme mať aj najvyššiu úroveň lásky, ktorou dokážeme dať naše životy nielen za ostatných bratov, ale tiež aj za nepriateľov, ktorí nás nenávidia.

1 Jn 4, 20-21 hovorí: *„Ak niekto hovorí: ‚Milujem Boha' a nenávidí svojho brata, je klamár. Veď kto nemiluje svojho brata, ktorého vidí, nie je schopný milovať Boha, ktorého nevidí. A toto prikázanie máme od neho, aby ten, kto miluje Boha, miloval aj svojho brata."* A preto, ak milujeme Boha, budeme milovať každého človeka. Ak hovoríme, že milujeme Boha, a zároveň niekoho nenávidíme, je to lož.

Telesná láska sa v priebehu času mení

Keď Boh stvoril prvého človeka Adama, Boh ho miloval duchovnou láskou. Na východe v Edene stvoril krásnu záhradu a nechal ho tam žiť bez akéhokoľvek nedostatku. Boh s ním chodil. Boh mu dal nielen raj Edenu, ktorý bol vynikajúcim miestom pre život, ale tiež moc podmaniť si a vládnuť nad všetkým, čo bolo aj na tejto zemi. Boh Adama zaplavil duchovnou láskou. Ale Adam nedokázal Božiu lásku skutočne cítiť. Adam nikdy nezažil nenávisť alebo telesnú lásku, ktorá sa mení, preto si neuvedomoval, aká vzácna je Božia láska. Po veľmi dlhej dobe bol Adam v pokušení skrze hada a neposlúchol Božie slovo. Jedol ovocie, ktoré mu Boh zakázal jesť (Gn 2, 17; 3, 1-6).

V dôsledku toho, do Adamovho srdca vstúpil hriech a stal sa telesným človekom, ktorý už viac nedokázal s Bohom komunikovať. Boh ho už nemohol aj naďalej nechať žiť v raji Edenu, a preto ho vyhnal na túto zem. Počas ľudskej kultivácie (Gn 3, 23) všetky ľudské bytosti, ktoré sú Adamovými potomkami, spoznali a zažili relativitu tým, že zažili opak lásky známej v Edene, ako je nenávisť, závisť, bolesti, smútok, chorobu a zranenie. Zároveň sa čoraz viac vzdiaľovali od duchovnej lásky. Pretože ich srdce bolo v dôsledku hriechov skazené a stalo sa telesným srdcom, ich láska sa stala telesnou láskou.

Od Adamovho pádu už uplynulo veľmi veľa času a dnes je na tomto svete ešte ťažšie nájsť duchovnú lásku. Ľudia vyjadrujú svoju lásku rôznymi spôsobmi, ale ich láska je len telesná láska, ktorá sa v priebehu času mení. Ako plynie čas a menia sa situácie a podmienky, menia svoj názor a zrádzajú svojich milovaných kvôli vlastnému prospechu. Tiež dávajú iba vtedy, keď iní dávajú ako prví, alebo keď je dávanie pre nich prínosom. Ak chcete dostať späť toľko, koľko ste dali, alebo ak ste sklamaní, keď vám ostatní nedávajú späť to, čo chcete alebo očakávate, aj to je telesná láska.

Keď muž a žena spolu randia, môžu si navzájom hovoriť, že sa „budú naveky milovať", a že „nemôžu bez seba žiť." Avšak, v mnohých prípadoch zmenia po svadbe názor. S postupom času začnú vidieť niečo, čo sa im na partnerovi nepáči. V minulosti všetko vyzeralo dobre a snažili sa potešiť jeden druhého vo všetkom, ale už to nedokážu. Trucujú alebo si navzájom spôsobujú ťažkosti. Môžu sa nahnevať, keď ten druhý neurobí to, čo chcú. Len pred niekoľkými desaťročiami bol rozvod zriedkavý, ale teraz dochádza k rozvodom veľmi ľahko a zdá sa, že čoskoro po rozvode si mnohí vezmú niekoho iného. A napriek tomu zakaždým hovoria, že toho druhého skutočne milujú. Je to typická telesná láska.

Ani láska medzi rodičmi a deťmi sa príliš nelíši. Samozrejme, že niektorí rodičia by dali aj život za svoje deti, ale aj keby sa to stalo, nie je to duchovná láska, keď dávajú takúto lásku iba vlastným deťom. Ak máme duchovnú lásku, môžeme dávať takú lásku nielen našim vlastným deťom, ale každému človeku. Ale s nárastom zla vo svete je raritou nájsť rodičov, ktorí by obetovali vlastný život aspoň za vlastné deti. Medzi mnohými rodičmi a deťmi nastáva nepriateľstvo kvôli financiám alebo kvôli nezhodám v názoroch.

Ako je to s láskou medzi súrodencami alebo priateľmi? Mnohí bratia sa stávajú nepriateľmi, keď ide o určité finančné záležitosti. To isté sa deje ešte častejšie medzi priateľmi. Milujú jeden druhého, keď je všetko v poriadku a na všetkom sa zhodnú. Ale ich láska sa môže kedykoľvek zmeniť, ak sa veci zmenia. Taktiež, vo väčšine prípadoch chcú ľudia dostať späť to, čo dali. Keď sú nadšení, môžu dávať bez toho, aby chceli niečo späť. Ale keď nadšenie ochladne, oľutujú, že niečo dali, ale nedostali nič späť. To znamená, že predsa len chceli niečo späť. Tento druh lásky je telesná láska.

Duchovná láska, ktorá dáva vlastný život

Je dojímavé, ak niekto dá vlastný život za niekoho, koho miluje. Ale keď vieme, že musíme dať život za niekoho iného, je pre nás ťažké milovať túto osobu. Týmto spôsobom je ľudská láska obmedzená.

Bol jeden kráľ, ktorý mal rozkošného syna. V jeho kráľovstve bol povestný vrah, ktorý bol odsúdený na trest smrti. Jediný spôsob, ako by tento odsúdenec mohol žiť, bolo, ak by namiesto neho zomrel niekto nevinný. Mohol by tento kráľ dať svojho nevinného syna za vraha? Takáto vec sa nestala v celých dejinách ľudstva. Ale Boh Stvoriteľ, ktorého nemožno porovnávať so žiadnym kráľom tejto zeme, dal Jeho jednorodeného Syna za nás. On nás tak veľmi miluje (Rim 5, 8).

Kvôli Adamovmu hriechu museli všetci ľudia ísť cestou smrti, čo je odplatou za hriech. Aby bolo ľudstvo zachránené a vedené do neba, ich problém hriechu musel byť vyriešený. Za účelom vyriešenia tohto problému hriechu, ktorý stál medzi Bohom a ľudstvom, Boh poslal Jeho jednorodeného Syna Ježiša zaplatiť cenu za ich hriech.

Gal 3, 13 hovorí: „*Prekliaty je každý, kto visí na dreve.*" Ježiš visel na drevenom kríži, aby nás oslobodil spod kliatby zákona, ktorý hovorí: „*Lebo odmena za hriech je smrť*" (Rim 6, 23). Tiež preto, že bez preliatia krvi niet odpustenia (Hebr 9, 22), Ježiš prelial všetku Jeho vodu a krv. Ježiš bol potrestaný namiesto nás a každému, kto v Neho verí, môžu byť odpustené hriechy a môže získať večný život.

Boh vedel, že hriešnici budú prenasledovať a zosmiešňovať Ježiša, a nakoniec ukrižujú toho, ktorý je Božím Synom. Avšak, aby zachránil hriešne ľudské pokolenie, ktoré bolo predurčené k pádu do večnej smrti, Boh poslal Ježiša na túto zem.

1 Jn 4, 9-10 hovorí: „*Božia láska k nám sa prejavila v tom, že Boh poslal na svet svojho jednorodeného Syna, aby sme skrze neho mali život. Láska je v tom, že nie my sme milovali Boha, ale že on miloval nás a poslal svojho Syna ako obetu zmierenia za naše hriechy.*"

Boh potvrdil Jeho lásku k nám tým, že dal Jeho jednorodeného Syna Ježiša, aby visel na kríži. Ježiš ukázal Jeho lásku tým, že sám seba obetoval na kríži, aby vykúpil ľudstvo z jeho hriechov. Táto Božia láska, prejavená v darovaní Jeho Syna, je večná a nemenná láska, ktorá dáva celý život až do poslednej kvapky krvi.

Pravá láska k Bohu

Môžeme aj my mať takú úroveň lásky? 1 Jn 4, 7-8 hovorí: „*Milovaní, milujme sa navzájom, lebo láska je z Boha a každý, kto miluje, narodil sa z Boha a pozná Boha. Ten, kto nemiluje, nepozná Boha, pretože Boh je láska."*

Ak poznáme druh Božej lásky, ktorú nám Boh dal, nielen ako poznanie, ale hlboko ju v našich srdciach cítime, budeme Boha prirodzene skutočne milovať. V našich kresťanských životoch môžeme čeliť ťažkým skúškam alebo sa môžeme ocitnúť v situácii, kedy môžeme stratiť všetko, čo vlastníme, a čo je pre nás vzácne. Ani v týchto situáciách sa naše srdce vôbec nezakolíše, pokiaľ v nás budeme mať pravú lásku.

Takmer som prišiel o všetky moje tri drahé dcéry. Pred viac ako 30 rokmi väčšina ľudí v Kórei používali na kúrenie uhoľné brikety. Oxid uhoľnatý uvoľnený z uhlia často spôsoboval nehody. Bolo to hneď po otvorení kostola a naším domovom bol kostolný suterén. Moje tri dcéry utrpeli spolu s mladým mužom otravu plynom oxidom uhoľnatým. Vdychovali plyn celú noc a zdalo sa, že nie je nádej na uzdravenie.

Pri pohľade na moje dcéry v bezvedomí som necítil žiadnu bolesť ani som sa nesťažoval. Cítil som len vďačnosť, keď som si pomyslel, že budú žiť pokojne v krásnom nebi, kde nie sú žiadne slzy, smútok alebo bolesť. Ale pretože mladík bol iba členom kostola, prosil som Boha, aby ho oživil, aby nedošlo k potupeniu Boha. Položil som ruky na mladého muža a modlil sa za neho. A potom som sa modlil za moju tretiu a najmladšiu dcéru. Zatiaľ čo som sa modlil za ňu, mladý muž prišiel k vedomiu. Keď som sa modlil za druhú dcéru, prebudila sa moja tretia dcéra. Čoskoro na to sa vrátilo vedomie aj mojej druhej a prvej dcére. Netrpeli žiadnymi následkami, a až do tohto dňa sú zdravé. Všetky tri slúžia v cirkvi ako pastorky.

Ak milujeme Boha, naša láska sa nikdy v nijakej situácii

nezmení. Už sme dostali Jeho lásku obetovania Jeho jediného Syna, a preto nemáme žiadny dôvod Ho neznášať alebo pochybovať o Jeho láske. Môžeme Ho len nemenne milovať. Môžeme len úplne veriť Jeho láske a zveriť Mu naše životy.

Tento postoj sa nezmení, ani keď sa budeme starať o ostatné duše. 1 Jn 3, 16 hovorí: „*Lásku sme poznali podľa toho, že on položil svoj život za nás; aj my máme klásť život za bratov.*" Ak budeme kultivovať pravú lásku k Bohu, budeme milovať svojich bratov pravou láskou. To znamená, že nebudeme mať žiadnu túžbu hľadať naše vlastné dobro, a tak budeme dávať všetko, čo máme a nebudeme žiadať nič späť. Obetujeme samých seba s čistým úmyslom a všetko, čo máme, dáme ostatným.

Až do dnešného dňa som na mojej ceste viery prešiel mnohými skúškami. Bol som zradený týmí ľuďmi, ktorí odo mňa mnoho dostali alebo týmí, ku ktorým som sa správal ako k vlastnej rodine. Niekedy ma ľudia nepochopili a ukazovali na mňa prstom.

Avšak, zaobchádzal som s nimi iba s dobrotou. Všetko som odovzdal do Božích rúk a modlil sa, aby v Jeho láske a súcite odpustil takýmto ľuďom. Necítil som nenávisť ani voči tým ľuďom, ktorí spôsobili cirkvi veľké ťažkosti a odišli. Túžil som iba po tom, aby konali pokánie a vrátili sa. Keď títo ľudia vykonali mnoho zlých vecí, spôsobilo mi to intenzívne skúšky. Avšak, zaobchádzal som s nimi len s dobrotou, pretože som veril, že Boh ma miluje, a pretože som ich miloval Božou láskou.

Aby bolo možné prinášať ovocie lásky

Ovocie lásky môžeme prinášať v plnosti do tej miery, do akej sme posvätili naše srdce tým, že sme z našich sŕdc odhodili hriechy, zlo a neprávosť. Pravá láska môže vychádzať iba zo srdca, v ktorom niet žiadne zlo. Ak budeme mať pravú lásku, môžeme byť s ostatnými neustále v pokoji a nikdy nespôsobovať ťažkosti alebo problémy ostatným. Budeme tiež chápať srdce druhých a slúžiť im. Budeme tiež schopní dať im radosť a pomáhať ich dušiam, aby sa im darilo, aby sa mohlo Božie kráľovstvo rozšíriť.

V Biblii môžeme vidieť, aký druh lásky mali otcovia viery. Mojžiš tak veľmi miloval svoj ľud, Izrael, že ich chcel zachrániť, aj keby to znamenalo, že jeho meno bude vymazané z knihy života (Ex 32, 32).

Apoštol Pavol tiež miloval Pána s nemennou mysľou od okamihu, keď sa s ním stretol. Stal sa apoštolom pohanov, zachránil mnoho duší a prostredníctvom troch misií založil cirkev. Hoci bola jeho cesta vyčerpávajúca a plná nebezpečenstva, kázal o Ježišovi Kristovi, až kým nebol umučený v Ríme.

Neustále na neho číhali životné ohrozenia, prenasledovanie a rozrušovanie zo strany Židov. Bol zbitý a uväznený. V noci bol zmietaný búrkou na mori a cez deň bol stroskotancom. Avšak, nikdy neľutoval cestu, ktorú si vybral. Namiesto starostí o seba mal starosti o cirkev a veriacich, zatiaľ čo on čelil toľkým útrapám.

Svoje pocity vyjadril v 2 Kor 11, 28-29, kde povedal: „*A okrem toho všetkého denne na mňa dolieha starosť o všetky cirkvi. Veď kto trpí slabosťou, že by som aj ja neutrpel slabosťou? Kto je vystavený pohoršeniu, že by to aj mňa nepálilo?*"

Apoštol Pavol nešetril ani vlastný život, pretože miloval ostatné duše horiacou láskou. Jeho veľká láska je dobre vyjadrená v Rim 9, 3, kde je napísané: *„Želal by som si totiž byť sám prekliaty a odlúčený od Krista pre mojich bratov, mojich príbuzných podľa tela."* Tu „moji príbuzní" nepredstavuje rodinu alebo príbuzných. Odkazuje to na všetkých Židov, vrátane tých, ktorí ho prenasledovali. Radšej by išiel do pekla namiesto nich, ak by to mohlo týchto ľudí zachrániť. To je druh lásky, ktorú mal. Tiež, ako je napísané v Jn 15, 13: *„Nikto nemá väčšej lásky ako ten, čo svoj život kladie za svojich priateľov,"* apoštol Pavol dokázal jeho najvyššiu úroveň lásky, keď sa stal mučeníkom.

Niektorí ľudia hovoria, že milujú Boha, ale nemajú radi bratov vo viere. Títo bratia nie sú ani ich nepriateľmi, ani nežiadajú o niečí život. Ale majú medzi sebou spory a zlé pocity voči sebe v dôsledku triviálnych záležitostí. Aj pri vykonávaní Božieho diela majú zlé pocity, keď sa ich názory líšia. Niektorí ľudia sú necitliví voči iným ľuďom, ktorých duch chradne a umiera. Môžeme o týchto ľuďoch povedať, že milujú Boha?

Raz som kázal pred celým zhromaždením veriacich. Povedal som: „Keby som mohol zachrániť tisíce duší, bol by som ochotný ísť do pekla namiesto nich." Samozrejme, že veľmi dobre viem, akým miestom je peklo. Nikdy neurobím nič, čo by ma mohlo viesť do pekla. Ale ak môžem zachrániť tie duše, ktoré sú na ceste do pekla, bol by som ochotný tam ísť namiesto nich.

Týchto tisíc duší môže zahŕňať niektorých členov našej cirkvi. Môžu to byť cirkevní predstavení alebo členovia, ktorí si nevyberajú pravdu, ale idú cestou smrti, a to aj po vypočutí slov pravdy a zažití mocných Božích skutkov. Tiež by to mohli byť tí ľudia, ktorí prenasledujú našu cirkev v dôsledku ich nedorozumenia a žiarlivosti. Alebo by to mohli byť niektoré úbohé duše v Afrike, ktoré hladujú v dôsledku občianskej vojny, hladomoru a chudoby.

Rovnako ako Ježiš zomrel za mňa, aj ja môžem dať svoj život za nich. Nie je to preto, že ich milujem, pretože je to moja povinnosť, lebo Božie slovo hovorí, že ich máme milovať. Každý deň dávam celý svoj život a energiu za ich záchranu, pretože ich milujem viac ako svoj život, a to nielen slovami. Dávam celý svoj život, pretože viem, že je to najväčšia túžba Boha Otca, ktorý ma miloval.

Moje srdce je plné takýchto myšlienok: „Ako môžem kázať evanjelium na viacerých miestach?" „Ako môžem uskutočniť väčšie skutky Božej moci, aby uverilo viac ľudí?" „Ako im mám pomôcť pochopiť bezvýznamnosť tohto sveta a viesť ich tak, aby sa zmocnili nebeského kráľovstva?"

Pozrime sa späť do seba, aby sme zistili, do akej miery je Božia láska v nás vrytá. Je to láska, s ktorou On dal život Jeho jednorodeného Syna. Ak sme plní Jeho lásky, budeme celým srdcom milovať Boha a duše. To je pravá láska. A ak budeme úplne kultivovať túto lásku, budeme môcť vstúpiť do Nového Jeruzalema, ktorý je kryštaloidom lásky. Dúfam, že všetci z vás tam raz budú zdieľať večnú lásku s Bohom Otcom a Pánom.

Proti takýmto veciam nie je zákon

Flp 4, 4

„*Ustavične sa radujte v Pánovi.*

Opakujem: Radujte sa!"

Kapitola 3

Radosť

Ovocie radosti
Dôvody, prečo sa radosť z prvej lásky stráca
Keď sa zrodí duchovná radosť
Ak chcete prinášať ovocie radosti
Smútok aj po prinášaní ovocia radosti
Buďte pozitívni a vo všetkom nasledujte dobrotu

Radosť

Smiech zmierňuje stres, hnev a napätie, a tým prispieva k prevencii infarktu myokardu a náhlej smrti. Tiež zlepšuje obranyschopnosť organizmu, a tak má pozitívne účinky pri prevencii infekcií, ako je chrípka alebo dokonca takých chorôb, ako je rakovina alebo chorôb pripisovaných životnému štýlu. Smiech má určite veľmi pozitívny vplyv na naše zdravie a Boh nám tiež hovorí, aby sme sa neustále radovali. Niektorí ľudia môžu povedať: „Ako sa môžem radovať, keď sa nemám z čoho radovať?" Ale ľudia viery sa môžu neustále radovať v Pánovi, pretože veria, že Boh im pomôže dostať sa z útrap, a nakoniec budú vedení do nebeského kráľovstva, kde je večná radosť.

Ovocie radosti

Radosť je „intenzívne a obzvlášť extatické alebo jasajúce šťastie." Duchovná radosť, však, neznamená byť len extrémne šťastný. Dokonca aj neveriaci sa radujú, keď sa im darí, ale je to len dočasné. Ich radosť zmizne, keď nastanú ťažkosti. Ale ak budeme prinášať ovocie radosti v našich srdciach, budeme sa môcť radovať a byť šťastní v akejkoľvek situácii.

1 Tes 5, 16-18 hovorí: *„Ustavične sa radujte. Neprestajne sa modlite. Za všetko vzdávajte vďaky, lebo to je Božia vôľa v Kristovi Ježišovi."* Duchovná radosť je neprestajne sa radovať a za všetkých okolností ďakovať. Radosť je jedným z najzjavnejších a najjasnejších ovocí z týchto kategórií, vďaka ktorému môžeme zmerať a zistiť, aký druh kresťanského života vedieme.

Niektorí veriaci kráčajú Pánovou cestou po celú dobu s radosťou a šťastím, zatiaľ čo iní nemajú skutočnú radosť a vďaku, ktoré vychádzajú z ich sŕdc, aj keď sa v ich viere usilovne snažia. Chodia na bohoslužby, modlia sa a plnia si cirkevné povinnosti, ale všetky tieto aktivity konajú plnením si svojej povinnosti bez toho, aby sa ich to dotklo. A ak narazia na nejaký problém, strácajú aj tú štipku pokoja, ktorú mali a ich srdcia sú otrasené nervozitou.

Ak čelíte problému, ktorý nikdy nedokážete vyriešiť vlastnou silou, to je okamih, kedy môžete skontrolovať, či sa skutočne radujete z hĺbky srdca. Prečo sa v takejto situácii nepozriete do zrkadla? Tiež sa môže stať meradlom na zistenie miery, do akej ste prinášali ovocie radosti. V skutočnosti už len milosť Ježiša Krista, ktorý nás zachránil Jeho krvou, je viac než dosť na to, aby sme sa neprestajne radovali. Boli sme odsúdení skončiť vo večnom pekelnom ohni, ale skrze krv Ježiša Krista sme získali milosť vojsť do nebeského kráľovstva, ktoré je plné šťastia a pokoja. Táto skutočnosť nás môže naplniť neopísateľným šťastím.

Keď po exoduse prekročili synovia Izraela Červené more, ako keby kráčali po súši a boli zachránení pred egyptskou armádou, ktorá ich prenasledovala, ako veľmi sa radovali? Naplnené šťastím ženy tancovali s tamburínami a všetci ľudia chválili Boha (Ex 15, 19-20).

Rovnako, keď človek príjme Pána, má nevýslovnú radosť zo spásy a môže neprestajne perami spievať chvály, aj keď je unavený po ťažkej celodennej práci. Aj v prípade, že je prenasledovaný pre Pánovo meno alebo nespravodlivo trpí v utrpení, bude iba šťastný, premýšľajúc nad nebeským kráľovstvom. Ak je táto radosť neprestajne a plne udržiavaná, čoskoro bude v plnej miere prinášať ovocie radosti.

Dôvody, prečo sa radosť z prvej lásky stráca

V skutočnosti radosť z prvej lásky nevydrží veľkému počtu ľudí. Čoskoro po prijatí Pána radosť zmizne a ich pocity voči milosti spásy už nie sú rovnaké. V minulosti pociťovali iba šťastie, dokonca aj v utrpení, premýšľajúc o Pánovi, ale neskôr začnú vzdychať a nariekať, keď sa veci zhoršia. Je to rovnaké ako u synov Izraela, ktorí veľmi rýchlo zabudli na radosť, ktorú mali po prechode Červeného mora a pre malé ťažkosti sa sťažovali na Boha a postavili sa proti Mojžišovi.

Prečo sa ľudia takto menia? Je to preto, že v srdciach majú telo. Telo tu má duchovný význam. Vzťahuje sa na prirodzenosť alebo vlastnosti, ktoré sú proti duchu. „Duch" je niečo, čo patrí Bohu Stvoriteľovi, ktorý je krásny a nemenný, zatiaľ čo „telo" je charakteristika vecí, ktoré z Bohom nemajú nič spoločné. Sú to veci, ktoré pominú, skazia sa a zmiznú. Preto sú všetky druhy hriechov, ako bezprávie, nespravodlivosť a nepravdy, telom. Tí, ktorí majú také telesné vlastnosti, stratia radosť, ktorá kedysi v plnosti napĺňala ich srdce. Tiež preto, že majú meniacu sa prirodzenosť, nepriateľ diabol a satan sa snažia vyvolať nepriaznivé situácie rozochvením tejto meniacej sa prirodzenosti.

Apoštol Pavol bol pri kázaní evanjelia zbitý a uväznený. Ale keď sa modlil a chválil Boha bez akýchkoľvek obáv, došlo k veľkému zemetraseniu a boli otvorené dvere väzenia. Navyše, vďaka tejto udalosti bolo evanjelizovaných mnoho neveriacich. Nestratil jeho radosť v nijakom utrpení a radil veriacim: „*Ustavične sa radujte v Pánovi. Opakujem: Radujte sa! Vaša dobrotivosť nech je známa* všetkým ľuďom. *Pán je blízko! Pre nič nebuďte ustarostení, ale vo všetkom s vďakou predkladajte Bohu svoje žiadosti vo svojich modlitbách a prosbách"* (Flp 4, 4-6).

Ak ste v zúfalej situácii, kedy máte pocit, ako keby ste viseli na okraji útesu, prečo neponúknete modlitbu vďaky ako apoštol Pavol? Boh bude potešený vaším skutkom viery a bude pracovať pre dobro vo všetkom.

Keď sa zrodí duchovná radosť

Dávid už od jeho mladosti bojoval na bojiskách za jeho krajinu. Ponúkol zaslúžilé služby v mnohých vojnách. Keď kráľ Šaul trpel zlými duchmi, hral na harfe, aby kráľa upokojil. Nikdy neporušil rozkaz jeho kráľa. Avšak, kráľ Šaul nebol vďačný za Dávidove služby, ale v skutočnosti Dávida nenávidel, pretože na neho žiarlil. Vzhľadom k tomu, že bol Dávid ľuďmi milovaný, Šaul sa bál, že príde o trón a s jeho armádou prenasledoval Dávida, aby ho zabil.

V tejto situácii musel Dávid samozrejme pred Šaulom utiecť. Raz, aby si zachránil život v cudzej krajine, musel slintať, predstierajúc, že je šialený. Ako by ste sa cítili vy na jeho mieste? Dávid nebol nikdy smutný, ale vždy sa iba radoval. Jeho vieru v Boha vyznal v krásnom žalme.

„Pán je môj pastier, nič mi nechýba.
Vodí ma na zelené pastviny,
privádza ma k tichým vodám.
Obnovuje mi život,

*vodí ma správnymi cestami pre česť svojho mena.
Nebudem sa báť zlého,
hoc by som šiel temným údolím.
Veď ty si so mnou,
tvoj prút a tvoja palica sú mi útechou.
Prestieraš mi stôl pred mojimi protivníkmi,
hlavu mi natieraš olejom, môj kalich preteká.
Áno, dobrota a milosť budú ma sprevádzať
po všetky dni môjho života.
Vracať sa budem do domu Pána, pokiaľ budem žiť'"*
(Ž 23, 1-6).

Realita bola ako cesta z tŕnia, ale Dávid mal v sebe niečo veľké. Bola to jeho spaľujúca láska k Bohu a nemenná dôvera v Boha. Nič nemohlo zničiť radosť prameniacu z hĺbky jeho srdca. Dávid bol celkom iste človek, ktorý prinášal ovocie radosti.

Počas takmer štyridsaťjeden rokoch odkedy som prijal Pána, som nikdy nestratil radosť z mojej prvej lásky. Aj naďalej prežívam každý deň s vďačnosťou. Sedem rokov som trpel mnohými chorobami, ale Božia moc ma v jedinom okamihu vyliečila zo všetkých týchto chorôb. Okamžite som sa stal kresťanom a začal pracovať na stavbách. Mal som šancu získať lepšiu prácu, ale rozhodol som sa pre ťažkú prácu, pretože to bol jediný spôsob, ako som mohol zachovávať Pánov deň svätý.

Každý deň som vstával o štvrtej hodine ráno a chodil som na ranné modlitebné stretnutia. Potom som išiel do práce s pripraveným obedom. Cesta na pracovisko mi trvala asi hodinu a pol autobusom. Musel som pracovať od rána do večera bez dostatočného odpočinku. Bola to skutočne ťažká práca. Nikdy predtým som nevykonával fyzickú prácu, a okrem toho, bol som mnoho rokov chorý, takže to pre mňa nebola ľahká práca. Domov som sa z práce vracal okolo desiatej hodiny večer. Narýchlo som sa umyl, navečeral, prečítal Bibliu a pomodlil sa a okolo polnoci som išiel spať. Aj moja žena pracovala ako podomová obchodníčka, aby zarobila na živobytie, ale bolo pre nás ťažké splácať dokonca aj úroky z dlhu, ktorý sa nahromadil počas obdobia, keď som bol chorý. Doslovne sme sotva dokázali každý deň vyžiť. Aj keď som bol vo veľmi ťažkej finančnej situácii, moje srdce bolo vždy naplnené radosťou a kázal som evanjelium zakaždým, keď som mal príležitosť.

Povedal by som: „Boh je živý! Pozri sa na mňa! Čakal som len na smrť, ale bol som úplne uzdravený Božou mocou a stal som sa takýmto zdravým!"

Realita bola ťažká a finančne náročná, ale bol som vždy vďačný za lásku Boha, ktorý ma zachránil pred smrťou. Moje srdce bolo tiež plné nádeje na nebo. Potom, čo som začul volanie Boha, aby som sa stal pastorom, trpel som mnohými nespravodlivými ťažkosťami a vecami, ktoré človek v skutočnosti nedokáže zvládnuť, a aj napriek tomu moja radosť a vďačnosť nikdy neochladli.

Ako to bolo možné? Je to preto, že vďačnosť srdca rodí viac vďačnosti. Vždy hľadám to, za čo môžem vzdať vďaky a ponúkam Bohu modlitby vďakyvzdania. A teším sa nielen z modlitby vďaky, ale aj z ponúkania ďakovných obiet Bohu. Okrem ďakovných obiet, ktoré som ponúkal Bohu pri každej bohoslužbe, usilovne som ponúkal ďakovné obety Bohu aj za iné veci. Vzdával som vďaky za členov cirkvi, ktorí rastú vo viere; za to, že som mohol vzdať slávu Bohu skrze obrovské zámorské výpravy; za rast cirkvi, atď. Veľmi rád vyhľadávam dôvody vďakyvzdania.

A tak mi Boh dal neprestajné požehnanie a milosť, aby som mohol pokračovať vo vzdávaní vďaky. Ak by som vzdal vďaky iba vtedy, keď všetko bolo dobré a nevzdal by som vďaky, ale sťažoval sa, keď všetko bolo zlé, nemal by som šťastie, z ktorého sa teraz teším.

Ak chcete prinášať ovocie radosti

Po prvé, mali by ste odhodiť telo.

Ak v sebe nemáme závisť alebo žiarlivosť, budeme sa radovať, keď budú iných chváliť alebo požehnávať, ako keby sme boli chválení a požehnávaní my. Na druhej strane, budeme ťažko znášať pohľad na úspechy ostatných do tej miery, do akej v sebe máme závisť a žiarlivosť. Môžeme mať nepríjemné pocity voči druhým alebo strácať radosť a cítiť sa sklamane v dôsledku pocitov menejcennosti do tej miery, do akej sú iní povyšovaní.

Taktiež, ak nebudeme mať v sebe zlosť alebo nenávisť, budeme mať len pokoj, aj keď sa s nami zaobchádza hrubo alebo utrpíme škodu. Stávame sa nahnevanými a sklamanými, pretože máme v sebe telo. Toto telo je záťaž, ktorá nám dáva v srdci pocit ťažkosti.

Ak máme tendencie hľadať vlastný prospech, budeme sa cítiť veľmi zle a v bolesti, keď sa zdá, že sme utrpeli väčšiu stratu než ostatní.

V dôsledku telesných atribútov v nás nepriateľ diabol a satan vzbudzujú tieto telesné prirodzenosti k vytvoreniu situácie, kedy sa nemôžeme radovať. Do akej miery máme v sebe telo, do tej miery nemôžeme mať duchovnú vieru a budeme mať stále väčšie starosti a obavy a nebudeme schopní sa spoliehať na Boha. Ale tí, ktorí sa spoliehajú na Boha, môžu sa radovať, aj keď dnes nemajú, čo jesť. Je to preto, že Boh nám sľúbil, že nám dá, čo potrebujeme, keď budeme ako prvé hľadať Jeho kráľovstvo a spravodlivosť (Mt 6, 31-33).

Tí, ktorí majú pravú vieru, odovzdajú každú záležitosť do Božích rúk skrze modlitby vďaky v akomkoľvek utrpení. Budú hľadať Božie kráľovstvo a spravodlivosť s pokojným srdcom, a potom budú prosiť o to, čo potrebujú. Ale tí, ktorí sa nespoliehajú na Boha, ale na vlastné myšlienky a plány, stanú sa iba nepokojnými. Tí, ktorí podnikajú, môžu byť vedení k prosperite a požehnanie získajú iba vtedy, ak jasne počúvajú hlas Ducha Svätého a nasledujú ho. Ale kým majú v sebe chamtivosť, netrpezlivosť a nepravdivé myšlienky, nemôžu počuť hlas Ducha Svätého a budú čeliť problémom. A teda, základným dôvodom, prečo strácame radosť, sú telesné atribúty, ktoré máme v srdci. Budeme mať stále väčšiu duchovnú radosť a vďakyvzdanie a vo všetkom sa nám bude dariť do tej miery, do akej z nášho srdca odhodíme telo.

Po druhé, musíme vo všetkom nasledovať túžby Ducha Svätého.

Radosť, ktorú hľadáme, nie je svetská radosť, ale radosť, ktorá prichádza zhora, a to radosť Ducha Svätého. Môžeme byť radostní a šťastní iba vtedy, keď sa raduje Duch Svätý, ktorý v nás prebýva. Ale predovšetkým, pravá radosť prichádza, keď uctievame Boha celým srdcom, modlíme sa a chválime Ho a dodržiavame Jeho slovo.

Takiež, ak si uvedomíme naše nedostatky vnuknutím Ducha Svätého a zmeníme ich, budeme veľmi šťastní! Sme schopnejší byť šťastní a vďační, keď nájdeme naše nové „ja", ktoré sa líši od toho, kým sme boli predtým. Radosť dávaná Bohom nemôže byť porovnávaná so žiadnou radosťou tohto sveta a nikto nám ju nemôže vziať.

V závislosti od druhu volieb, ktoré robíme v našom každodennom živote, nasledujeme buď túžby Ducha Svätého, alebo telesné túžby. Ak budeme nasledovať túžby Ducha Svätého v každom okamihu, Duch Svätý sa v nás bude radovať a naplní nás radosťou. 3 Jn 1, 4 hovorí: *„Nemám väčšej radosti, ako keď počujem, že moje deti žijú v pravde."* Ako už bolo povedané, Boh sa raduje a dáva nám radosť v plnosti Ducha Svätého, keď konáme podľa pravdy.

Napríklad, ak na seba narazia túžba hľadať vlastný prospech a túžba hľadať prospech druhých, a ak tento konflikt pokračuje, prídeme o radosť. Ak nakoniec budeme hľadať vlastný prospech, bude sa zdať, že môžeme dostať to, čo sme chceli, ale nezískame duchovnú radosť. Ale budeme mať výčitky svedomia alebo utrpenie v srdci. Na druhej strane, ak sa budeme snažiť o prospech druhých, mohlo by sa zdať, že v tej chvíli utrpíme stratu, ale získame radosť zhora, pretože Duch Svätý sa raduje. Iba tí, ktorí skutočne zažili takú radosť, pochopia, aké je to dobré. Je to druh šťastia, ktorý nemôže nikto na svete dať ani pochopiť.

Vezmime si príbeh dvoch bratov. Starší brat neodprace po sebe riad, keď sa naje. A tak po jedle musí mladší brat vždy upratať stôl a cíti sa nepríjemne. Jedného dňa, keď sa starší brat najedol a bol na odchode, mladší brat mu povedal: „Musíš umyť po sebe riad."

„Môžeš ho umyť ty," bez váhania odpovedal starší brat a jednoducho odišiel do svojej izby. Mladšiemu bratovi sa to nepáčilo, ale jeho brat už odišiel. Mladší brat vedel, že jeho starší brat nemá vo zvyku umývať po sebe riad. A preto mohol mladší brat s radosťou slúžiť staršiemu bratovi tým, že umyje všetok riad. Možno si myslíte, že teraz bude musieť mladší brat vždy umývať riad a starší brat sa nebude snažiť problém odstrániť. Ale ak budeme konať v dobrote, Boh je ten, ktorý vykoná zmeny. Boh zmení srdce staršieho brata tak, aby si pomyslel: „Je mi ľúto, že som po celý čas nechával môjho brata umývať riad. Odteraz budem umývať riad aj po mne, aj po ňom."

Rovnako ako v tomto príklade, ak budeme nasledovať telesné túžby kvôli chvíľkovému prospechu, budeme vždy čeliť problémom a hádkam. Ale budeme mať v sebe radosť, ak budeme zo srdca slúžiť ostatným nasledovaním túžob Ducha Svätého.

Rovnaký princíp platí vo všetkom ostatnom. Možno ste niekedy súdili ostatných na základe vlastných noriem, ale ak zmeníte svoje srdce a pochopíte ostatných v dobrote, budete mať pokoj. Čo ak sa stretnete s niekým, koho povaha je veľmi odlišná od vašej alebo s niekým, koho názory sa od vašich veľmi líšia? Budete sa mu snažiť vyhnúť alebo ho srdečne s úsmevom pozdravíte? Podľa názoru neveriacich by bolo pre nich pohodlnejšie jednoducho sa vyhnúť tým ľuďom a ignorovať takých, ktorých nemajú radi, ako sa snažiť byť k nim milí.

Ale tí, ktorí nasledujú túžby Ducha Svätého, budú sa na takých ľudí usmievať so srdcom služby. Keď budeme každý deň umierať so zámerom poskytovania pohodlia ostatným (1 Kor 15, 31), zažijeme pravý pokoj a radosť zhora. Navyše, budeme si môcť vychutnávať pokoj a radosť po celú dobu, ak nebudeme mať pocit, že nemáme niekoho radi alebo vlastnosti niekoho sú iné ako naše.

Predpokladajme, že vám zavolá cirkevný predstavený, aby ste s ním išli navštíviť člena cirkvi, ktorý neprišiel na nedeľnú bohoslužbu alebo predpokladajme, že budete požiadaní kázať evanjelium niekomu počas dovolenky, ktorú máte zriedka. Na jednej strane, chcete si oddýchnuť, ale na druhej strane chcete konať Božie dielo. Zaleží na vašej slobodnej vôli, pre čo sa rozhodnete, ale dostatok spánku a pohodlie pre vaše telo vás nutne nenaplní radosťou.

Môžete cítiť plnosť Ducha Svätého a radosť, keď sa vzdáte svojho času a majetku pre službu Bohu. Keď budete aj naďalej nasledovať túžby Ducha Svätého, budete mať nielen stále viac duchovnej radosti, ale aj vaše srdce sa bude neustále meniť na srdce pravdy. A v rovnakom rozsahu budete prinášať zrelé ovocie radosti a vaša tvár bude žiariť duchovným svetlom.

Po tretie, musíme usilovne siať semená radosti a vďakyvzdania.

Aby mohli poľnohospodári zbierať úrodu, musia najprv zasiať semená a starať sa o ne. Rovnakým spôsobom, aby bolo možné prinášať ovocie radosti, musíme usilovne vyhľadávať okolnosti vďakyvzdania a ponúkať Bohu obety vďaky. Ak sme Božími deťmi, ktoré majú vieru, je mnoho vecí, z ktorých sa môžeme radovať!

Po prvé, máme radosť zo spasenia, ktorú nemôže nič nahradiť. Taktiež, dobrý Boh je náš Otec a stará sa o Jeho deti, ktoré žijú v pravde a dáva im odpovede na všetko, o čo prosia. Akí sme teda šťastní? Ak budeme iba dodržiavať Pánov deň svätý a dávať správne desiatky, nebudeme čeliť žiadnym nešťastiam alebo nehodám v priebehu celého roka. Ak nebudeme páchať hriechy a budeme dodržiavať Božie prikázania a poctivo pracovať pre Jeho kráľovstvo, potom budeme vždy dostávať požehnania.

Aj keď budeme čeliť nejakým ťažkostiam, riešenie všetkých druhov problémov sa nachádza v šesťdesiatich šiestich knihách Biblie. Ak bol problém spôsobený našimi vlastnými chybami, môžeme konať pokánie a odvrátiť sa od tých ciest, aby sa nad nami Boh zmiloval a dal nám odpoveď na vyriešenie problému. Keď sa pozrieme do seba, a ak nás naše srdce neodsudzuje, môžeme sa len radovať a vzdávať vďaky. Potom Boh bude pracovať vo všetkom, aby sa nám vo všetkom darilo a dá nám viac požehnaní.

Nemali by sme brať za samozrejmosť milosť Boha, ktorú sme dostali. Musíme sa neustále radovať a ďakovať Mu. Keď hľadáme dôvody na vďakyvzdanie a radujeme sa, Boh nám dáva ešte viac dôvodov na vďakyvzdanie. Na druhej strane, naša vďaka a radosť sa zväčšia, a nakoniec budeme v plnosti prinášať ovocie radosti.

Smútok aj po prinášaní ovocia radosti

Aj keď v našom srdci prinášame ovocie radosti, niekedy sme smutní. Je to duchovný smútok, ktorý sa deje v pravde.

Po prvé, je tu smútok pokánia. Ak dôjde ku skúškam a testom v dôsledku našich hriechov, nemôžeme sa len radovať a ďakovať na vyriešenie tohto problému. Ak sa človek môže radovať aj po spáchaní hriechu, táto radosť je svetská radosť, ktoré nemá nič spoločné s Bohom. V takom prípade musíme konať pokánie so slzami v očiach a odvrátiť sa od týchto ciest. Musíme konať dôkladné pokánie premýšľaním: „Ako som mohol spáchať taký hriech, veriac v Boha? Ako som mohol opustiť milosť Pána?" Potom Boh prijme naše pokánie, a dá nám radosť ako dôkaz toho, že bol zbúraný múr hriechu. Budeme sa cítiť takí ľahkí a radostní, ako keby sme vzlietli vysoko nad oblaky a dostaneme zhora nový druh radosti a vďakyvzdania.

Ale smútok pokánia je iný ako slzy smútku, ktoré sú prelievané kvôli bolesti spôsobenej útrapami alebo nešťastím. Aj keď sa modlíte prelievaním mnohých sĺz, a dokonca aj s usmrkaným nosom, je to len telesný smútok, pokiaľ plačete v dôsledku nespokojnosti s vašou situáciou. Tiež, ak sa iba snažíte uniknúť problému zo strachu z trestu a neodvrátite sa od svojich hriechov úplne, nemôžete získať pravú radosť. Nebudete mať pocit, že je vám odpustené. Ak je váš smútok pravým smútkom pokánia, budete musieť odhodiť ochotu páchať hriechy, a potom prinášať správne ovocie pokánia. Až potom opäť dostanete zhora duchovnú radosť.

Ďalším je smútok, ktorý máte, keď je Boh zneuctený alebo pre tie duše, ktoré idú cestou smrti. Je to druh smútku, ktorý je správny v pravde. Ak máte taký smútok, budete sa modliť za Božie kráľovstvo veľmi horlivo. Budete prosiť o svätosť a moc zachrániť viac duší a rozšíriť Božie kráľovstvo. Preto je taký smútok Bohu príjemný a prijateľný. Ak máte takýto duchovný smútok, radosť, ktorá je hlboko vo vašom srdci, sa nikdy nestratí. Nestratíte silu pochmúrnosťou alebo skľúčenosťou, ale stále budete mať v sebe vďakyvzdanie a šťastie.

Pred niekoľkými rokmi mi Boh ukázal nebeský príbytok ženy, ktorá sa modlí za Božie kráľovstvo a cirkev s veľkým množstvom smútku. Jej dom bol vyzdobený zlatom a drahými kameňmi a bolo na ňom veľa veľkých, ligotavých periel. Ako perlorodka vyrába perlu všetkou svojou energiou a miazgou, tá žena smútila v modlitbe, aby sa podobala Pánovi a trúchlivo sa modlila za Božie kráľovstvo a duše. Boh ju odmeňuje za všetky trúchlivé modlitby. Preto by sme sa mali neprestajne radovať, veriac v Boha, a tiež by sme mali byť schopní trúchliť pre Božie kráľovstvo a duše.

Buďte pozitívni a vo všetkom nasledujte dobrotu

Keď Boh stvoril prvého človeka Adama, dal do Adamovho srdca radosť. Ale radosť, ktorú Adam v tej dobe mal, bola iná ako radosť, ktorú získavame potom, čo prejdeme ľudskou kultiváciou na tejto zemi.

Adam bol živá bytosť alebo živý duch, čo znamená, že nemal žiadne telesné atribúty, a tak nemal nič, čo by bolo opakom radosti. Konkrétne to znamená, že nemal žiadnu predstavu o relativite, aby si mohol uvedomiť hodnotu radosti. Iba tí, ktorí trpia chorobou, dokážu pochopiť, aké vzácne je zdravie. Iba tí, ktorí trpia chudobou, dokážu pochopiť skutočnú hodnotu bohatého života.

Adam nikdy nezažil žiadnu bolesť a nebol schopný uvedomiť si, aký šťastný život žil. Aj keď sa tešil z večného života a hojnosti v raji Edenu, nedokázal sa skutočne radovať z hĺbky srdca. Ale potom, čo jedol zo stromu poznania dobra a zla, telo vstúpilo do jeho srdca a on stratil radosť, ktorú mu Boh dal. Keď prechádzal mnohými bolesťami tohto sveta, jeho srdce sa postupne napĺňalo smútkom, osamelosťou, hnevom, zlými pocitmi a obavami.

Na tejto zemi sme zažili všetky druhy bolestí, a teraz musíme obnoviť duchovnú radosť, ktorú Adam stratil. Za týmto účelom musíme odhodiť telo, neprestajne nasledovať túžby Ducha Svätého a vo všetkom siať semienka radosti a vďakyvzdania. Ak pridáme pozitívne postoje a budeme nasledovať dobrotu, budeme schopní prinášať ovocie radosti v plnej miere.

Túto radosť získame po tom, čo sme zažili relatívny vzťah mnohých vecí na tejto zemi, na rozdiel od Adama, ktorý žil v raji Edenu. Preto, radosť pramení z hĺbky nášho srdca, a to sa nikdy nezmení. Pravé šťastie, z ktorého sa budeme tešiť v nebi, bude v nás kultivované už na tejto zemi. Ako budeme môcť vyjadriť radosť, ktorú máme, keď sa náš pozemský život skončí a pôjdeme do nebeského kráľovstva?

Lk 17, 21 hovorí: *„...ani nepovedia: Hľa, tu je!, alebo: Tamto je! Lebo Božie kráľovstvo je medzi vami."* Dúfam, že budete v srdci rýchlo prinášať ovocie radosti, aby ste mohli ochutnať nebo na zemi a viedli život vždy plný šťastia.

Hebr 12, 14

„Usilujte sa o pokoj so všetkými a o posvätenie, bez ktorého nikto neuvidí Pána."

Proti takýmto veciam nie je zákon

Kapitola 4

Pokoj

Ovocie pokoja
Aby bolo možné prinášať ovocie pokoja
Slová dobroty sú dôležité
Premýšľať múdro z pohľadu druhých
Pravý pokoj v srdci
Požehnania pre tých, čo šíria pokoj

Pokoj

Častice soli nie sú viditeľné, ale kryštalizáciou sa z nich stanú krásne kubické kryštály. Stačí, ak sa malé množstvo soli rozpustí vo vode a zmení tým celú štruktúru vody. Je to korenie, ktoré je vo varení absolútne nevyhnutné. Mikročastice soli sú vo veľmi malom množstve zásadne dôležité pre udržanie životných funkcií. Rovnako ako sa soľ rozpúšťa, aby dodala chuť jedlu a zabránila hnilobe, Boh chce, aby sme sa obetovali pre vychovávanie a očistenie ostatných ľudí a prinášali krásne ovocie pokoja. Poďme sa teraz pozrieť na ovocie pokoja, ktoré patrí medzi ovocie Ducha Svätého.

Ovocie pokoja

Aj keď sú ľudia veriacimi v Boha, nedokážu medzi sebou udržiavať pokoj, pokiaľ majú svoje ego alebo vlastné „ja." Ak si myslia, že ich myšlienky sú správne, majú tendenciu ignorovať názory druhých a konať nevhodne. Aj napriek tomu, že dohoda bola dosiahnutá prevahou hlasov väčšiny, aj naďalej sa na rozhodnutie sťažujú. Tiež sa skôr pozerajú na nedostatky ľudí, ako na ich dobré vlastnosti. Môžu tiež o druhých hovoriť zle a šíriť také veci, čím znepriateľujú navzájom ľudí medzi sebou.

V prítomnosti takýchto ľudí môžeme mať pocit, ako keby sme sedeli na posteli z tŕnia a nemáme pokoj. Tam, kde sú ničitelia pokoja, sú neustále problémy, utrpenia a skúšky. Ak je narušený pokoj v krajine, rodine, na pracovisku, v kostole alebo v nejakej skupine, cesta pre požehnania bude zatarasená a bude nasledovať mnoho ťažkostí.

V hre je, samozrejme, postava hlavného hrdinu alebo hrdinky

dôležitá, ale sú dôležité aj ostatné postavy a podpora každého zo zamestnancov. To isté platí pre všetky organizácie. Aj keď to vyzerá triviálne, keď každý človek správne vykonáva svoju prácu, úloha tak bude úplne splnená, a taký človek môže byť neskôr poverený väčšou úlohou. Taktiež, človek nesmie byť arogantný len preto, že je dôležitá práca, ktorú robí. Keď zároveň pomáha v raste ostatným ľuďom, všetky úlohy možu byť splnené v pokoji.

Rim 12, 18 hovorí: *„Ak je to možné a závisí to od vás, žite v pokoji so všetkými ľuďmi."* A Hebr 12, 14 hovorí: *„Usilujte sa o pokoj so všetkými a o posvätenie, bez ktorého nikto neuvidí Pána."*

„Pokoj" tu znamená byť schopní prijať názory druhých, aj keď sú naše názory správne. Znamená to poskytnúť pokoj ostatným ľuďom. Znamená to veľkorysé srdce, vďaka ktorému môžeme byť spokojní s niečím, pokiaľ to je v rámci hraníc pravdy. Znamená to usilovať sa o prospech druhých a nikoho nezvýhodňovať. Znamená to snahu nemať s ostatnými žiadne problémy alebo konflikt zdržaním sa vyjadrenia opačného vlastného názoru a nepozeraním sa na nedostatky iných ľudí.

Božie deti musia udržiavať pokoj nielen medzi manželmi, rodičmi a deťmi, bratmi a blížnymi, ale musia byť v pokoji so všetkými ľuďmi. Musia byť v pokoji nielen s týmy, ktorých milujú, ale aj s týmy, ktorí ich nenávidia a spôsobujú im ťažkosti. Je obzvlášť dôležité udržiavať pokoj v kostole. Boh nemôže pracovať, ak je pokoj zničený. Dáva to iba možnosť satanovi na naše obvinenie. A aj keď pracujeme tvrdo a dosahujeme veľké ciele v službe Bohu, nemôžeme byť chválení, ak je pokoj zničený.

V Gn 26 Izák zachoval pokoj s každým, dokonca aj v situácii, kedy mali ostatní ľudia voči nemu námietky. Bolo to vtedy, keď Izák, v snahe vyhnúť sa hladomoru, išiel na miesto, kde žili Filištínci. Dostal Božie požehnanie a počet jeho stáda sa zvýšil a rozrástla sa jeho domácnosť. Filištínci na neho žiarlili a naplnili Izákove studne zeminou. V oblasti, kde žili, nebol dostatok dažďa, a najmä v lete vôbec nepršalo. Studne boli ich dôležitým záchranným lanom. Izák sa však s nimi nehádal ani s nimi nebojoval. Iba odišiel z toho miesta a vykopal novú studňu. Kedykoľvek s veľkými ťažkosťami našiel studňu, Filištínci prišli a trvali na tom, že studňa je ich. Ale Izák nikdy neprotestoval a iba im studne nechal. Presťahoval sa znova na iné miesto a vykopal novú studňu.

Tento cyklus sa mnohokrát opakoval, ale Izák zaobchádzal s týmito ľuďmi iba s dobrotou a Boh ho požehnal nájdením studne všade, kam šiel. Keď to videli Filištínci, uvedomili si, že Boh bol s ním a už ho viac neobťažovali. Ak by sa s nimi Izák hádal alebo bojoval, pretože s ním zaobchádzali nespravodlivo, bol by sa stal ich nepriateľom a musel by opustiť to miesto. Aj keď sa dokázal spravodlivo a pravdivo obhájiť, nepomohlo by to, pretože Filištínci sa so zlými úmyslami snažili vyvolať hádku. Z tohto dôvodu s nimi Izák zaobchádzal s dobrotou a prinášal ovocie pokoja.

Ak prinášame ovocie pokoja týmto spôsobom, Boh bude riadiť všetky situácie, aby sme mohli vo všetkom prosperovať. Ako teda môžeme prinášať toto ovocie pokoja?

Aby bolo možné prinášať ovocie pokoja

Po prvé, musíme mať pokoj s Bohom.
Najdôležitejšia vec pri udržiavaní pokoja s Bohom je to, že nesmieme mať žiadne múry hriechu. Adam sa musel pred Bohom ukryť, pretože porušil Božie slovo a jedol zakázané ovocie (Gn 3, 8). V minulosti mal s Bohom veľmi dôverný vzťah, ale teraz Božia prítomnosť priniesla pocity strachu a vzdialenosti. Dôvodom bolo to, že pokoj s Bohom bol v dôsledku hriechu zničený.

Je to rovnaké s nami. Keď konáme v pravde, môžeme mať s Bohom pokoj a byť pred Ním sebaistí. Samozrejme, na to, aby sme mali úplný a dokonalý pokoj, musíme odhodiť všetky hriechy a zlo z nášho srdca a posvätiť sa. Ale, aj keď ešte nie sme dokonalí, pokiaľ budeme usilovne konať podľa pravdy v rámci miery našej viery, môžeme mať pokoj s Bohom. Nemôžeme mať dokonalý pokoj s Bohom hneď od začiatku, ale môžeme mať pokoj s Bohom, keď sa v rámci miery našej viery snažíme s Ním pokoj udržiavať.

Aj keď sa snažíme mať pokoj s ľuďmi, najprv sa musíme usilovať o pokoj s Bohom. Aj keď sa musíme usilovať o pokoj s našimi rodičmi, deťmi, manželmi, priateľmi a spolupracovníkmi, nikdy nesmieme konať nič, čo je proti pravde. Konkrétne to znamená, že nesmieme narušiť pokoj s Bohom na udržanie pokoja s ľuďmi.

Napríklad, čo ak sa budeme klaňať modlám alebo porušíme Pánov deň, aby sme mali pokoj s neveriacimi rodinnými príslušníkmi? Na chvíľu sa zdá, že sme dosiahli pokoj, ale v skutočnosti sme vážne zničili pokoj s Bohom tým, že sme vytvorili múr hriechu medzi Bohom a nami. Nemôžeme páchať hriechy, aby sme mali pokoj s ľuďmi. Tiež, ak porušíme Pánov deň tým, že sa zúčastnime svadby člena rodiny alebo priateľa, znamená to zničiť pokoj s Bohom, a tak nemôžeme mať pravý pokoj ani s tými ľuďmi. Aby sme mali pravý pokoj s ľuďmi, musíme sa najprv zapáčiť Bohu. Potom Boh zaženie nepriateľa diabla a satana a zmení myslenie zlých ľudí, aby sme mohli mať pokoj s každým. Prís 16, 7 hovorí: „*Ak sa Pánovi páčia cesty človeka, zmieri s ním aj jeho nepriateľov.*" Samozrejme, že ten druhý človek sa môže snažiť zničiť pokoj s nami, aj keď sa snažíme v pravde. Ak v takom prípade budeme reagovať až do konca v pravde, Boh bude nakoniec pracovať vo všetkom pre to najlepšie. To bol prípad Dávida a kráľa Šaula. Kráľ Šaul sa kvôli žiarlivosti pokúsil zabiť Dávida, ale Dávid sa k nemu až do konca správal s dobrotou. Dávid mal niekoľko príležitostí kráľa zabiť, ale rozhodol sa usilovať sa o pokoj s Bohom nasledovaním dobroty. Nakoniec Boh posadil Dávida na trón ako odmenu za jeho dobré skutky.

Po druhé, musíme mať pokoj sami so sebou.
Aby bolo možné mať pokoj sami so sebou, musíme odvrhnúť všetky formy zla a posvätiť sa. Kým máme zlo v našom srdci, naše zlo sa prebudí v závislosti od rôznych situácií, a tak bude pokoj zničený. Môžeme si myslieť, že máme pokoj, keď sa nám vo všetkom darí, ako sme predpokladali, ale pokoj je zničený, keď sa nám prestane dariť a to ovplyvní našu zlobu v srdci. Aké je to nepríjemné, keď v našom srdci vrie nenávisť alebo hnev! Ale môžeme mať pokoj srdca bez ohľadu na okolnosti, ak si budeme neustále vyberať pravdu.
Ale niektorí ľudia nemajú v srdciach pravý pokoj, aj keď sa

snažia konať podľa pravdy, aby mali pokoj s Bohom. Je to preto, že majú vlastnú spravodlivosť a rámec vlastnej osobnosti. Napríklad, niektorí ľudia nemajú pokoj, pretože sú príliš viazaní Božím slovom. Rovnako ako Jób predtým, ako čelil skúškam, modlia sa vytrvalo a snažia sa žiť podľa Božieho slova, ale nekonajú tieto veci s láskou k Bohu. Žijú podľa Božieho slova zo strachu z Božieho trestu a odplaty. A ak náhodou za nejakých okolností porušia pravdu, veľmi znervóznejú zo strachu, že by mohli čeliť nepriaznivým dôsledkom. V takomto prípade bude ich srdce veľmi skľúčené, aj napriek tomu, že starostlivo dodržiavajú pravdu! A tak sa ich duchovný rast zastaví alebo stratia radosť. Koniec koncov, trpia v dôsledku ich vlastnej spravodlivosti a rámcov myšlienok. V tomto prípade sa namiesto posadnutia skutkami dodržiavania zákona musia pokúsiť kultivovať lásku k Bohu. Človek sa môže tešiť z pravého pokoja, ak miluje Boha celým srdcom a uvedomuje si Božiu lásku.

Vezmime si ďalší príklad. Niektorí ľudia nemajú pokoj sami so sebou kvôli ich negatívnemu mysleniu. Snažia sa konať podľa pravdy, ale odsudzujú samých seba a spôsobujú si bolesť vo vlastnom srdci, ak nedosiahnu výsledky, ktoré chceli. Pred Bohom cítia ľútosť a ochabujú, pretože si myslia, že im toho veľa chýba. Strácajú pokoj, mysliac si: „Čo ak sa ľudia okolo mňa vo mne sklamali? Čo ak ma opustia?"

Takí ľudia sa musia stať duchovnými deťmi. Myslenie tých detí, ktoré veria v lásku ich rodičov, je pomerne jednoduché. Dokonca, aj keď robia chyby, neskrývajú sa pred rodičmi, ale idú do ich náručia, hovoriac, že sa polepšia. Ak s láskyplným, dôverujúcim výrazom tváre povedia, že im je to ľúto a polepšia sa, pravdepodobne to vyčarí na tvárach rodičov úsmev, aj keď chceli deti pokarhať.

Samozrejme, to neznamená, že by ste mali neprestajne iba hovoriť, že sa polepšíte a naďalej robiť rovnakú chybu. Ak skutočne túžite odvrátiť sa od hriechu a polepšiť sa, prečo by Boh od vás odvrátil Jeho tvár? Tí, ktorí skutočne konajú pokánie, neochabujú ani nie sú ostatnými ľuďmi odradení. Samozrejme, že na základe spravodlivosti niekedy musia byť potrestaní alebo byť určitú dobu ponížení. Avšak, ak sú si skutočne istí Božou láskou k nim, ochotne prijímajú Božie tresty a nestarajú sa o názory a pripomienky ostatných ľudí.

Naopak, Boh nie je potešený, keď naďalej pochybujú v domnení, že im hriechy neboli odpustené. Ak skutočne konali pokánie a odvrátili sa od svojich ciest, ich viera, že im je odpustené, je Božím očiam príjemná. Aj keď čelia skúškam v dôsledku ich previnení, zmenia sa na požehnanie, ak ich príjmu s radosťou a vďakou.

Preto musíme veriť, že Boh nás miluje, aj keď ešte nie sme dokonalí a On nás urobí dokonalými, ak sa budeme aj naďalej snažiť zmeniť. Taktiež, ak sme skúškou ponížení, musíme veriť v Boha, ktorý nás nakoniec povýši. Nesmieme byť netrpezliví s túžbou po uznaní ľuďmi. Ak si budeme aj naďalej uchovávať pravdivé srdce a skutky, môžeme mať pokoj sami so sebou, rovnako ako aj duchovnú sebaistotu.

Po tretie, mali by sme mať pokoj s každým.
Za účelom usilovania sa o pokoj s každým, musíme byť schopní obetovať samých seba. Musíme sa obetovať pre druhých, dokonca až do miery obetovania vlastného života. Pavol povedal:

„Každý deň umieram," a presne tak, ako povedal, aby sme mali s každým pokoj, nesmieme trvať na vlastných myšlienkach, vlastných názoroch alebo preferenciách.

Ak chceme mať pokoj, nemali by sme konať nevhodne alebo sa snažiť predvádzať a vychvaľovať. Musíme sa z hĺbky srdca uponížiť a povýšiť ostatných. Nemali by sme byť zaujatí, a zároveň by sme mali byť schopní prijať odlišné názory iných, ak sú v súlade s pravdou. Nemali by sme premýšľať na základe miery našej viery, ale z pohľadu druhých. Aj napriek tomu, že náš názor je správny alebo možno lepší, mali by sme byť stále schopní nasledovať názory druhých.

To ale neznamená, že by sme ich mali nechať tak a vybrať si ich cestu, aj keď tí ostatní kráčajú cestou smrti páchaním hriechov. Tiež by sme nemali robiť s nimi kompromisy alebo sa k nim pridať v nasledovaní nepravdy. Mali by sme im z času na čas s láskou poradiť alebo napomenúť ich. Môžeme získať veľké požehnania, ak nasledujeme pokoj v rámci pravdy.

Navyše, aby sme boli s každým človekom v pokoji, nesmieme trvať na našej vlastnej spravodlivosti a rámcoch myslenia. „Rámce myslenia" predstavujú to, o čom si človek na základe vlastnej osobnosti, zmyslu pre správnosť a preferencií myslí, že je správne. „Vlastná spravodlivosť" tu znamená snažiť sa vnútiť ostatným vlastné názory, presvedčenie a myšlienky, ktoré daný človek považuje za lepšie. Vlastná spravodlivosť a rámce myslenia sa prejavujú v našich životoch v rôznych formách.

Čo ak človek porušuje predpisy spoločnosti pre ospravedlnenie jeho skutkov, pretože si myslí, že sú predpisy zlé? Môže si myslieť, že to, čo robí, je správne, ale jeho šéf či spolupracovníci si, samozrejme, môžu myslieť opak. Taktiež, je v súlade s pravdou nasledovať názory druhých, pokiaľ nie sú nepravdou. Každý človek má inú osobnosť, pretože každý vyrastal v inom prostredí. Každý človek dostal iné vzdelanie a má inú mieru viery. A tak má každý človek inú normu posudzovania správneho alebo nesprávneho a dobrého alebo zlého. Jeden človek si môže myslieť, že je určitá vec správna, zatiaľ čo iný si myslí, že je nesprávna.

Pozrime sa, napríklad, na vzťah medzi manželmi. Manžel chce, aby bol dom vždy uprataný, ale manželka to nerobí. Manžel to spočiatku s láskou znáša a upratuje dom sám. Ale keď to pokračuje, začne byť z toho sklamaný. Začne si myslieť, že jeho manželka nebola správne vychovaná. Čuduje sa, prečo nedokáže urobiť niečo také jednoduché a správne. Nechápe, prečo sa jej návyky nezmenili ani po mnohých rokoch, aj napriek jeho častému napomínaniu.

Ale na druhej strane, aj manželka má niečo na srdci. Jej sklamanie je namierené voči jej manželovi, pretože si myslí: „Neexistujem len preto, aby som upratovala a robila domáce práce. Ak niekedy nemôžem upratať, mal by to urobiť on. Prečo sa na to toľko sťažuje? Predtým by bol pre mňa ochotný urobiť čokoľvek, ale teraz sa sťažuje kvôli takým maličkostiam. Dokonca rozpráva o mojej rodinnej výchove!" Ak každý z nich trvá na vlastných názorov a túžbach, nemôžu mať pokoj. Pokoj môže byť založený len vtedy, ak berú do úvahy uhol pohľadu toho druhého a navzájom si slúžia, a nie vtedy, keď premýšľajú iba z vlastného hľadiska.

Ježiš nám povedal, že ak dávame dary Bohu a máme niečo proti jednému z našich bratov, musíme sa najprv uzmieriť s ním, a potom sa vrátiť a ponúknuť obetu (Mt 5, 23-24). Naša obeta bude Bohom prijatá až vtedy, keď máme s týmto bratom pokoj a ponúkneme obetu.

Tí, ktorí majú pokoj s Bohom a so sebou samými, nebudú ničiť pokoj s ostatnými. Nebudú sa s nikým hádať, pretože už odhodili chamtivosť, aroganciu, pýchu, vlastnú spravodlivosť a rámce myslenia. Aj keď sú iní zlí a spôsobujú problémy, títo ľudia by sa obetovali, aby nakoniec dosiahli pokoj.

Slová dobroty sú dôležité

Existuje pár vecí, ktoré musíme vziať do úvahy, keď sa snažíme o pokoj. Pre udržanie pokoja je veľmi dôležité hovoriť len dobré slová. Prís 16, 24 hovoria: *„Príjemné slová sú medový plást, sladkosť pre dušu a vzpruženie pre kosti."* Dobré slová dávajú silu a odvahu tým, ktorí sú skľúčení. Môžu sa stať dobrým liekom na oživenie umierajúcej duše.

Naopak, zlé slová narúšajú pokoj. Keď Rechabeám, syn kráľa Šalamúna, nastúpil na trón, ľudia z desiatich kmeňov požiadali kráľa, aby zmiernil ich ťažkú prácu. Kráľ odpovedal: *„Môj otec vám priťažil jarmo? Ja k nemu ešte pridám! Môj otec vás švihal bičmi? Ja vás budem trestať korbáčmi!"* (2 Krn 10, 14). Tieto slová navzájom odcudzili kráľa a ľudí, čo nakoniec vyústilo do rozdelenia krajiny na dve časti.

Jazyk človeka je veľmi malá časť tela, ale má obrovskú moc. Je to podobné ako s malým plameňom, ktorý sa môže stať veľkým ohňom a spôsobiť veľké škody, pokiaľ nie je strážený. Z tohto dôvodu Jak 3, 6 hovorí: „*Aj jazyk je oheň, svet neprávosti. Medzi našimi údmi je zasadený ako ten, čo poškvrňuje celé telo a ničí celý náš život, sám podpaľovaný peklom.*" Tiež Prís 18, 21 hovoria: „*Smrť a život sú v područí jazyka, tí, čo ho milujú, najedia sa jeho plodov.*"

Obzvlášť, ak hovoríme slová hnevu alebo sťažností kvôli rozdielom v názoroch, tie obsahujú zlé pocity, a tak nepriateľ diabol a satan na nás kvôli nim prinášajú obvinenia. Taktiež, len prechovávanie sťažností a hnevu a prejavovanie takých pocitov navonok v slovách a skutkoch, je veľmi odlišné. Mať fľašu atramentu vo vrecku je jedna vec, ale otvorenie fľaše a vyliatie atramentu je niečo úplne iné. Ak ho vylejete, ušpiníte ľudí okolo seba, a aj vás.

A rovnako, ak konáte Božie dielo, môžete sa sťažovať len preto, že niektoré veci nie sú v súlade s vašimi myšlienkami. Potom niektorí iní, ktorí súhlasia s vašimi myšlienkami, budú hovoriť rovnakým spôsobom. Ak sa počet zvýši na dva a tri, stáva sa to satanovým zhromaždením. Pokoj v kostole bude zničený a rast cirkvi sa zastaví. Preto musíme vždy vidieť, počuť a hovoriť len dobré veci (Ef 4, 29). Nesmieme ani počúvať slová, ktoré nie sú pravda alebo dobrota.

Premýšľať múdro z pohľadu druhých

Zoberme si ďalší prípad, kedy nemáte voči druhému človeku žiadne zlé pocity, ale ten človek ničí pokoj. Tu sa musíte zamyslieť nad tým, či je to skutočne chyba druhého človeka. Niekedy ste vy príčinou dôvodov, prečo ostatní ľudia ničia pokoj, bez toho, aby ste si to uvedomovali.

Môžete zraniť city druhých v dôsledku vlastnej bezohľadnosti alebo nerozumných slov, či správania. Ak si v takom prípade budete aj naďalej myslieť, že voči druhému človeku nemáte žiadne zlé pocity, nemôžete mať s týmto človekom ani pokoj, ani prísť k sebarealizácii, ktorá vám umožní zmeniť sa. Mali by ste byť schopní zistiť, či ste naozaj človekom, ktorý šíri pokoj aj v očiach druhého človeka.

Nadriadený by si mohol myslieť, že udržiava pokoj, ale jeho pracovníci môžu prežívať ťažké chvíle. Svojim nadriadeným nemôžu otvorene vyjadriť svoje pocity. Môžu to iba znášať a trpieť vo vnútri.

Zoberme si slávnu epizódu o ministerskom predsedovi Hwangovi Heeovi z dynastie Chosun. Videl, ako farmár oral svoje pole s dvoma býkmi. Ministerský predseda hlasne požiadal farmára: „Ktorý z týchto dvoch býkov pracuje tvrdšie?" Farmár ho zrazu chytil za rameno a odviedol ho na vzdialené miesto. Potom mu pošepkal: „Čierny je niekedy lenivý, ale žltý pracuje tvrdo." „Prečo si ma musel odtiahnuť sem a pošepkať mi do ucha informácie o býkoch?" spýtal sa Hwang Hee s úsmevom na tvári. Farmár odpovedal: „Dokonca ani zvieratá nemajú radi, keď o nich hovoríme niečo zlé." Hovorí sa, že Hwang Hee si potom uvedomil jeho bezohľadnosť.

Čo ak by dva býky rozumeli, čo povedal farmár? Žltý býk by sa stal arogantným a čierny býk by žiarlil a spôsoboval problémy žltému býkovi alebo by ho to odradilo a pracoval by ešte menej ako predtým.

Z tohto príbehu sa môžeme naučiť o ohľaduplnosti aj voči zvieratám a mali by sme byť opatrní a nehovoriť žiadne slová alebo neuskutočňovať žiadne skutky, ktoré by mohli byť zvýhodňovaním. Tam, kde je zvýhodňovanie, je žiarlivosť a arogancia. Napríklad, ak pred mnohými ľuďmi pochválite len jedného človeka, alebo ak pred mnohými ľuďmi pokarháte iba jedného človeka, potom kladiete základy vzniku nezhôd. Mali by ste byť opatrní a dostatočne múdri na to, aby ste nespôsobovali takéto problémy.

Existujú ľudia, ktorí trpia v dôsledku zvýhodňovania a diskriminácie ich šéfov, a aj napriek tomu, keď sa oni sami stanú šéfmi, diskriminujú určitých ľudí a zvýhodňujú ostatných. Ale my chápeme, že ak ste trpeli takou nespravodlivosťou, mali by ste byť opatrní vo svojich slovách a správaní tak, aby pokoj nebol zničený.

Pravý pokoj v srdci

Ďalšia vec, na ktorú by ste mali myslieť pri dosahovaní pokoja, je to, že pravý pokoj musí byť dosiahnutý v srdci. Dokonca aj tí, ktorí nemajú pokoj s Bohom alebo so sebou samými, môžu mať do určitej miery pokoj s ostatnými ľuďmi. Mnoho veriacich neustále počúva, že nesmú zničiť pokoj, aby boli schopní ovládať vlastné zlé pocity a nedostávať sa do konfliktu s ostatnými, ktorí majú odlišné názory ako oni. Ale nemať vonkajší konflikt neznamená, že prinášajú ovocie pokoja. Ovocie Ducha je prinášané nielen navonok, ale aj v srdci.

Napríklad, v prípade, že iný človek vám neslúži alebo vás neuznáva, nahnevá vás to, ale nemusíte to vyjadriť navonok.

Môžete si pomyslieť: „Musím byť len trochu trpezlivejší!" a pokúsiť sa tomu človeku slúžiť. Ale predpokladajme, že sa to zopakuje.

Potom sa vo vás môže nahromadiť zlosť. Nemôžete priamo vyjadriť zlosť, mysliac si, že to zasiahne vašu hrdosť, ale môžete nepriamo kritizovať tohto človeka. Určitým spôsobom môžete odhaliť svoj zmysel prenasledovania. Niekedy nechápete ostatných a to zabraňuje tomu, aby ste s nimi mali pokoj. Jednoducho ste ticho, pretože sa obávate hádok, ak by ste namietali. Iba stíchnete, pozerajúc sa na toho človeka povýšenecky a pomyslíte si: „Je zlý a taký neústupný, že sa s ním nedokážem rozprávať."

Týmto spôsobom nezničíte vonkajší pokoj, ale ani nemáte voči tomu človeku dobré pocity. Nesúhlasíte s jeho názormi a môžete mať dokonca pocit, že nechcete byť v jeho prítomnosti. Môžete sa dokonca na neho sťažovať tým, že budete ostatným rozprávať o jeho nedostatkoch. Spomeniete vaše nepríjemné pocity slovami: „Je skutočne zlý. Ako ho môže niekto pochopiť alebo to, čo vykonal! Ale aj napriek tomu ho konaním v dobrote znášam."

Samozrejme, že je lepšie nezničiť pokoj týmto spôsobom, ako priamo pokoj zničiť.

Ale aby ste mali pravý pokoj, musíte z hĺbky srdca slúžiť ostatným. Nemali by ste potláčať takéto pocity, a aj napriek tomu chcieť, aby vám slúžili. Mali by ste mať ochotu slúžiť ostatným a usilovať sa o dobro druhých.

Nemali by ste sa navonok usmievať, zatiaľ čo vo vnútri vynášate rozsudok. Musíte ostatných pochopiť z ich uhla pohľadu. Až potom môže Duch Svätý konať. Dokonca aj v čase, keď sa snažia o vlastné dobro, ich sŕdc sa to dotkne a zmenia sa. Keď má každý zapojený človek nedostatky, o každom z nich možno predpokladať, že je vinný. Nakoniec, každý môže mať pravý pokoj a byť schopný podeliť sa o svoje srdce.

Požehnania pre tých, čo šíria pokoj

Tí, ktorí majú pokoj s Bohom, so sebou samými a so všetkými ľuďmi, majú autoritu zahnať temnotu. A tak môžu dosiahnuť okolo seba pokoj. Ako už bolo napísané v Mt 5, 9: *„Blahoslavení tí, čo šíria pokoj, lebo ich budú volať Božími synmi,"* majú autoritu Božích detí, autoritu svetla.

Napríklad, ak ste cirkevnými predstavenými, môžete pomôcť veriacim prinášať ovocie pokoja. Konkrétne to znamená, že im môžete poskytnúť Slovo pravdy, ktoré má autoritu a moc, a tak sa môžu odvrátiť od hriechov a zlomiť vlastnú spravodlivosť a rámce myslenia. Keď vzniknú satanove synagógy, ktoré navzájom odcudzujú ľudí, môžete ich zničiť mocou vášho slova. Týmto spôsobom môžete priniesť pokoj medzi rôznych ľudí.

Jn 12, 24 hovorí: *„Amen, amen, hovorím vám: Ak pšeničné zrno, ktoré padne do zeme, neodumrie, zostane samo. Ale ak odumrie, prinesie veľkú úrodu."* Ježiš obetoval sám seba a zomrel ako pšeničné zrnko a priniesol nespočetné ovocie. Odpustil hriechy nespočetným umierajúcim dušiam a uzmieril ich s Bohom. Dôsledkom toho sa Pán stal Kráľom kráľov a Pánom pánov a dostal veľkú česť a slávu.

Môžeme získať bohatú úrodu len vtedy, keď sa obetujeme. Boh Otec chce, aby Jeho milované deti konali obety a „zomreli ako pšenice", aby prinášali hojné ovocie, ako to robil Ježiš. Ježiš tiež povedal v Jn 15, 8: *„Môj Otec je oslávený tým, že prinášate veľa* *ovocia, a že sa stávate mojimi učeníkmi.*" Ako už bolo povedané, nasledujme túžby Ducha Svätého, aby sme prinášali ovocie pokoja a viedli mnoho duší na cestu spásy. Hebr 12, 14 hovorí: „*Usilujte sa o pokoj so všetkými ľuďmi, a posvätenie, bez ktorého nikto neuvidí Pána.*" Dokonca aj keď máte úplnú pravdu, ale ostatní ľudia majú v dôsledku toho nepríjemné pocity a vyvolá to konflikty, v Božích očiach to nie je správne, a tak by ste sa mali pozrieť do seba. Potom sa môžete stať svätým človekom, ktorý v sebe nemá žiadnu formu zla, a ktorý je schopný vidieť Pána. Dúfam, že sa pri tom budete tešiť z duchovnej autority na tejto zemi tým, že budete nazvaní Božími synmi a v nebi získate čestné postavenie, kde budete môcť vidieť Pána neustále.

Jak 1, 4

„*A vytrvalosť nech je završená skutkami,*

aby ste boli dokonalí,

bezúhonní a bez akéhokoľvek nedostatku."

Kapitola 5

Trpezlivosť

Trpezlivosť, ktorá nemusí byť trpezlivá
Ovocie trpezlivosti
Trpezlivosť otcov viery
Trpezlivosť ísť do nebeského kráľovstva

Trpezlivosť

Veľmi často sa zdá, že šťastie v živote závisí od toho, či vieme byť trpezliví, alebo nie. Medzi rodičmi a deťmi, medzi manželmi, medzi súrodencami a priateľmi, ľudia v dôsledku netrpezlivosti robia veci, ktoré neskôr veľmi ľutujú. Úspech a neúspech v našom štúdiu, práci alebo podnikaní môže závisieť aj od našej trpezlivosti. Trpezlivosť je veľmi dôležitý prvok v našom živote.

Duchovná trpezlivosť a to, čo je svetskými ľuďmi považované za trpezlivosť, sa rozhodne navzájom odlišujú. Ľudia na tomto svete znášajú všetko s trpezlivosťou, ale je to telesná trpezlivosť. Ak majú zlé pocity, pri ich potláčaní veľmi trpia. Môžu zatínať zuby, alebo dokonca prestať jesť. Nakoniec to vedie k problémom v podobe nervozity alebo depresie. Napriek tomu hovoria, že takí ľudia, ktorí dokážu potlačiť pocity, prejavujú veľkú trpezlivosť. Ale to vôbec nie je duchovná trpezlivosť.

Trpezlivosť, ktorá nemusí byť trpezlivá

Duchovná trpezlivosť neznamená byť trpezlivým v zlobe, ale iba v dobrote. Ak ste trpezliví v dobrote, môžete prekonať ťažkosti s vďakou a nádejou. To povedie k tomu, že budete mať väčšie srdce. Naopak, ak ste trpezliví v zlobe, vaše zlé pocity sa nahromadia a vaše srdcia sa budú stávať čoraz tvrdšími.

Predpokladajme, že vás niekto bez príčiny preklína a spôsobuje vám bolesť. Môžete mať pocit, že je zranená vaša pýcha, a dokonca aj pocit šikanovania, ale tiež to môžete potlačiť, mysliac si, že podľa Božieho slova by ste mali byť trpezliví. Ale keď sa pokúsite kontrolovať myšlienky a pocity, vaša tvár sčervenie, vaše dýchanie sa zrýchli a vaše pery sa sprísnia. Ak týmto spôsobom potlačíte vaše pocity, môžu sa objaviť neskôr, ak sa veci zhoršia. Takáto trpezlivosť nie je duchovná trpezlivosť.

Ak máte duchovnú trpezlivosť, vaše srdce nebude ničím rozrušené. Dokonca, aj keď ste neprávom z niečoho obvinení, nebudete ostatným ľuďom odporovať, mysliac si, že muselo dôjsť k nejakému nedorozumeniu. Ak máte také srdce, nebudete musieť niekoho „znášať" alebo niekomu „odpustiť". Použijem jednoduchý príklad.

V jednu chladnú zimnú noc boli v jednom dome rozvietené svetlá do neskorých nočných hodín. Dieťa v dome malo horúčku, ktorá dosahovala až 40°C (104°F). Otec dieťaťa namočil svoje tričko v studenej vode a držal dieťa v náručí. Keď otec priložil na dieťa studený uterák, prekvapilo ho to a nepáčilo sa mu to. Ale dieťa bolo utešované v náručí otca, aj keď ho na chvíľu tričko chladilo.

Keď sa tričko v dôsledku horúčky dieťaťa oteplilo, otec ho znova namočil v studenej vode. Než nastalo ráno, otec musel mnohokrát tričko namočiť. Ale nebolo na ňom badať žiadnu únavu. Skôr naopak, milujúcimi očami sa pozeral na jeho dieťa, ktoré spalo v bezpečí jeho náručia.

Aj keď celú noc nespal, vôbec sa nesťažoval na hlad alebo únavu. Nemal čas na premýšľanie o vlastnom tele. Všetka jeho pozornosť bola namierená na dieťa a na to, ako pomôcť jeho synovi cítiť sa lepšie a pohodlnejšie. A keď sa dieťaťu polepšilo, nemyslel na vlastnú námahu. Keď niekoho milujeme, automaticky dokážeme znášať útrapy a námahu, a preto nemusíme byť v ničom trpezliví. To je duchovný význam „trpezlivosti".

Ovocie trpezlivosti

„Trpezlivosť" nájdeme aj v 1 Kor 13 v „kapitole o láske", a je to trpezlivosť na kultivovanie lásky. Hovorí, napríklad, že láska nehľadá svoj prospech. Aby sme boli schopní vzdať sa toho, čo chceme a najprv sa usilovali o prospech druhých, ako hovorí toto slovo, budeme čeliť situáciam, ktoré vyžadujú našu trpezlivosť. Trpezlivosť v „kapitola o láske" je trpezlivosť na kultivovanie lásky. Ale trpezlivosť, ktorá je jedným z ovocia Ducha Svätého, je trpezlivosť vo všetkom. Táto trpezlivosť je na vyššej úrovni, ako je trpezlivosť v duchovnej láske. Keď sa snažíme dosiahnuť cieľ, či už je to pre Božie kráľovstvo alebo pre osobné posvätenie, budeme čeliť ťažkostiam. Budeme smútiť a namáhať sa vynaložením všetkej našej energie. Ale budeme to môcť trpezlivo znášať s vierou a láskou, pretože máme nádej na úrodu ovocia. Tento druh trpezlivosti je trpezlivosť ako jedno z ovocia Ducha Svätého. Existujú tri druhy tejto trpezlivosti.

Prvým z nich je trpezlivosť zmeniť si srdce.
Čím viac zla máme v srdci, tým ťažšie je pre nás byť trpezlivými. Ak máme v sebe hnev, aroganciu, chamtivosť, pokrytectvo a vlastné rámce myslenia, budeme mať zmeny nálad a zlé pocity, ktoré môžu vzblknúť pri banálnej záležitosti.

V kostole bol jeden člen, ktorého čistý mesačný príjem bol približne 15 000 amerických dolárov a jeden mesiac bol jeho príjem oveľa nižší ako obvykle. Potom sa s nechuťou sťažoval na Boha. Neskôr sa priznal, že nebol vďačný za bohatstvo, z ktorého sa tešil, pretože mal v srdci chamtivosť.

Mali by sme byť vďační za všetko, čo nám Boh dáva, aj keď

nezarábame také množstvo peňazí. Potom nám v srdci nevyrastie chamtivosť a budeme schopní získať Božie požehnanie.

Ale keď odvrhneme zlo a posvätíme sa, bude pre nás neustále ľahšie byť trpezlivými. Budeme schopní v tichosti vydržať aj v ťažkých situáciách. Budeme schopní ostatných pochopiť a odpustiť im bez toho, aby sme museli niečo potláčať.

Lk 8, 15 hovorí: „*Zrno, čo padlo do dobrej pôdy, to sú tí, ktorí počúvajú slovo s dobrým a šľachetným srdcom. Zachovávajú ho a vytrvalo prinášajú ovocie.*" Najmä tí, ktorí majú srdce ako dobrú pôdu, môžu byť trpezliví, až kým neprinesú dobré ovocie.

Avšak, aj naďalej potrebujeme vytrvalosť a musíme vynaložiť úsilie na premenu nášho srdca na dobrú pôdu. Je nemožné automaticky dosiahnuť svätosť len tým, že je to naša túžba. Musíme sa stať poslušnými pravde vrúcnou modlitbou z celého srdca a pôstom. Musíme skončiť s tým, čo sme kedysi milovali, a ak niečo nie je duchovne prínosné, musíme to odhodiť. Nesmieme prestať v polovici alebo vzdať sa po pár pokusoch. Až kým nebudeme úplne žať ovocie svätosti a nedosiahneme náš cieľ, musíme urobiť všetko, čo je v našich silách sebaovládaním a nasledovaním Božieho slova.

Konečným cieľom našej viery je nebeské kráľovstvo, a predovšetkým, najkrajší príbytok, Nový Jeruzalem. Musíme s usilovnosťou a trpezlivosťou pokračovať vpred, až kým nedosiahneme náš cieľ.

Ale niekedy vidíme prípady, keď ľudia zažívajú spomalenie v rýchlosti posväcovania srdca po tom, čo viedli horlivý kresťanský život.

Rýchlo odhodia „telesné skutky", pretože sú to hriechy, ktoré sú viditeľné navonok. Ale pretože „telesné veci" nie sú navonok viditeľné, rýchlosť ich odhodenia sa spomalí. Keď v sebe nájdu nepravdu, horlivo sa modlia, aby ju odhodili, ale po niekoľkých dňoch na to zabudnú. Ak chcete odstrániť burinu úplne, neodtrhnete len jej list, ale budete musieť vytiahnuť aj koreň. Rovnaký princíp platí pre hriešnu prirodzenosť. Musíte sa až do konca modliť a meniť si srdce, až kým nevytiahnete koreň hriešnej prirodzenosti.

Keď som bol nový veriaci, modlil som sa za odhodenie určitých hriechov, pretože som pri čítaní Biblie pochopil, že Boh veľmi nenávidí hriešne atribúty, ako je nenávisť, zlosť a arogancia. Keď som rozhodne dodržiaval vlastné egoistické názory, nedokázal som zo srdca odhodiť nenávisť a zlé pocity. Ale v modlitbe mi Boh dal milosť pochopiť ostatných z ich uhla pohľadu. Všetky moje zlé pocity voči nim sa rozplynuli a moja nenávisť zmizla.

Pri zbavovaní sa hnevu som sa naučil byť trpezlivý. V situácii, kedy som bol neprávom obvinený, začal som v mysli rátať: „jeden, dva, tri, štyri..." a zadržal som slová, ktoré som chcel vysloviť. Spočiatku bolo ťažké udržať môj hnev, ale keď som to ďalej skúšal, môj hnev a podráždenie sa postupne vytratili. Nakoniec, dokonca aj vo veľmi provokujúcich situáciách, z mojej mysle nevychádzalo nič.

Odhodenie arogancie mi trvalo tri roky. Keď som bol nováčikom vo viere, nevedel som dokonca ani to, čo je arogancia, len som sa modlil, aby som sa jej zbavil. Neustále som sa kontroloval, zatiaľ čo som sa modlil. Výsledkom bolo to, že som bol schopný rešpektovať a ctiť aj ľudí, ktorí sa v mnohých ohľadoch zdali byť horší ako ja. Neskôr som začal slúžiť ostatným pastorom s rovnakým postojom, či už boli na vedúcich pozíciach, alebo len novovysvätení. Po trpezlivých trojročných modlitbách som si uvedomil, že už som vo mne nemal žiadne atribúty arogancie, a od tej doby som sa už za odhodenie arogancie nemusel modliť.

Ak nechcete vytiahnuť koreň hriešnej prirodzenosti, tento konkrétny atribút hriechu sa prejaví v extrémnej situácii. Môžete byť sklamaní, keď si uvedomíte, že ešte stále máte znaky nepravdivého srdca, o ktorých ste si mysleli, že už ste odhodili. Môžete byť odradení, mysliac si: „Tak veľmi som sa snažil ich odhodiť, ale aj naďalej sú vo mne."

Môžete nájsť v sebe formy nepravdy dovtedy, kým nevytiahnete pôvodný koreň hriešnej prirodzenosti, ale to neznamená, že ste neurobili duchovný pokrok. Keď šúpete cibuľu, vidíte znova a znova rovnaké vrstvy. Ale ak budete bez zastavenia pokračovať v šúpaní, nakoniec uvidíte cibuľu. Je to rovnaké s hriešnymi prirodzenosťami. Nesmiete sa nechať odradiť len preto, že ste ich ešte neodhodili úplne. Musíte mať trpezlivosť až do konca a pokračovať s ešte väčšou snahou, naplnení radosťou v očakávaní chvíle, keď sa zmeníte.

Niektorých ľudí odrádza, ak nedostanú materiálne požehnanie ihneď potom, čo konajú podľa Božieho slova. Myslia si, že ak konajú v dobrote, okrem straty za to nedostanú nič. Niektorí ľudia sa dokonca sťažujú, že usilovne chodia do kostola, ale nedostávajú žiadne požehnania. Samozrejme, že nie sú žiadne dôvody k sťažnostiam. Ide len o to, že Božie požehnanie nedostávajú preto, že ešte stále konajú podľa nepravdy a neodhadzujú to, čo nám Boh hovorí odhodiť.

Skutočnosť, že sa sťažujú, dokazuje to, že ťažisko ich viery nie je na mieste. Nebudete unavení, ak budete s vierou konať v dobrote a v pravde. Čím viac budete konať v dobrote, tým radostnejšími sa stanete, a tak začnete túžiť po viacerých veciach dobroty. Keď sa vierou posvätíte týmto spôsobom, vaša duša bude prosperovať, vo všetkom sa vám bude dariť a budete zdraví.

Druhým druhom trpezlivosti je trpezlivosť s ľuďmi.
Ak komunikujete s ľuďmi, ktorí majú rôzne vlastnosti a vzdelanie, môžu vzniknúť určité situácie. Obzvlášť kostol je miestom, kde sa zhromažďujú ľudia z obrovskej škály prostredí. A tak, počnúc triviálnymi vecami až po veľké a vážne veci, môžu mať rozdielne myšlienky a pokoj môže byť zničený.

Potom ľudia môžu povedať: „Jeho spôsob myslenia je úplne iný ako môj. Je pre mňa ťažké s ním pracovať, pretože máme veľmi odlišné povahy." Ale koľko párov aj medzi manželmi má dokonale zhodné povahy? Ich životné návyky a vkus sú rozdielne, ale musia sa jeden druhému oddať, aby boli pre seba navzájom vhodní.

Tí, ktorí túžia po svätosti, budú trpezliví v akejkoľvek situácii s akoukoľvek osobou a budú udržiavať pokoj. Dokonca, aj v niektorých ťažkých a nepríjemných situáciách sa snažia byť ústretoví k ostatným. Vždy ostatných chápu s dobrým srdcom a všetko vydržia, zatiaľ čo sa snažia o dobro druhých. Aj keď iní konajú v zlobe, iba to znášajú. Za toto zlo sa odplácajú iba dobrotou, nie zlom.

Musíme byť tiež trpezliví, keď evanjelizujeme duše alebo im

radíme, alebo keď vedieme cirkevných pracovníkov k dosiahnutiu Božieho kráľovstva. Počas pastoračnej služby vidím niektorých ľudí, u ktorých prebiehajú zmeny veľmi pomaly. Keď sa spriatelia so svetom a zahanbia Boha, prelievam veľa sĺz smútku, ale nikdy to s nimi nevzdávam. Neustále to s nimi znášam, pretože mám nádej, že sa jedného dňa zmenia.

Keď vychovávam cirkevných pracovníkov, musím byť veľmi dlho trpezlivý. Nemôžem iba všetkým podriadeným prikázať alebo nútiť ich robiť to, čo chcem ja. Aj keď viem, že všetko sa dosiahne pomalšie, nemôžem vziať povinnosť od cirkevných pracovníkov, slovami: „Nie si dosť kompetentný. Máš padáka." Iba to s nimi znášam a vediem ich, až kým sa nestanú kompetentnejšími. Čakám na nich päť, desať, pätnásť rokov, aby boli schopní splniť si povinnosť prostredníctvom duchovnej výchovy.

Som s nimi trpezlivý nielen vtedy, keď neprinášajú žiadne ovocie, ale aj vtedy, keď konajú veci nesprávne, aby sa nepotkli. Možno by bolo jednoduchšie, ak by iný človek, ktorý je kompetentný, jednoducho vykonal prácu za nich, alebo ak je daný človek nahradený niekým, kto je schopnejší. Ale dôvod, prečo som s nimi trpezlivý až do konca, je kvôli každej duši. Je to tiež na dosiahnutie Božieho kráľovstva vo väčšej miere.

Ak zasejete semeno trpezlivosti týmto spôsobom, určite získate ovocie podľa Božej spravodlivosti. Napríklad, ak vydržíte s niektorými dušami, až kým sa nezmenia, budete sa za nich modliť so slzami, budete mať veľké srdce prijať každú z nich. A tak získate autoritu a moc oživiť veľa duší. Získate silu zmeniť duše, ktoré prijmete do srdca skrze modlitbu spravodlivého človeka. Taktiež, ak kontrolujete svoje srdce a zasejete semeno vytrvalosti aj tvárou v tvár falošným obvineniam, Boh vás nechá žať ovocie požehnania.

Tretím druhom je trpezlivosť v našom vzťahu s Bohom.
Odkazuje to na trpezlivosť, ktorú by ste mali mať dovtedy, kým nedostanete odpoveď na modlitbu. Mk 11, 24 hovorí: *„Preto vám hovorím: Všetko, o čo sa modlíte a prosíte, verte, že ste dostali a budete mať."* Všetkým slovám v šesťdesiatich šiestich knihách Biblie môžeme veriť, ak máme vieru. Sú tam Božie prisľúbenia, že dostaneme to, o čo prosíme, a preto môžeme s modlitbou dosiahnuť čokoľvek.

Ale to, samozrejme, neznamená, že sa môžeme len modliť a nerobiť nič iné. Musíme konať podľa Božieho slova tak, aby sme mohli dostať odpoveď. Napríklad, študent, ktorého známky sú v jeho triede priemerné, sa modlí, aby sa stal najlepším študentom. Ale počas vyučovania sníva s otvorenými očami a neštuduje. Bude sa môcť takto stať najlepším v triede? Musí usilovne študovať, zatiaľ čo sa horlivo modlí, aby mu Boh pomohol stať sa najlepším v triede.

To isté platí aj pre podnikanie. Úprimne sa modlíte, aby sa vášmu podniku darilo, ale vaším cieľom je mať ďalší dom, investovať do nehnuteľností a kúpiť si luxusné auto. Budete schopní získať odpovede na vaše modlitby? Samozrejme, že Boh chce, aby Jeho deti žili život v hojnosti, ale Boh nemôže byť spokojný s modlitbami, ktoré prosia o veci pre nasýtenie chamtivosti človeka. Ale ak chcete získať požehnanie na pomoc núdznym a podporu misijnej práce, a ak budete postupovať správnym spôsobom, bez toho, aby ste urobili niečoho nezákonné, Boh vás iste povedie na cestu požehnaní.

V Biblii je mnoho prisľúbení, že Boh odpovie na modlitby Jeho detí. Ale v mnohých prípadoch ľudia nedostávajú odpovede, pretože nie sú dosť trpezliví. Ľudia môžu prosiť o okamžitú odpoveď, ale Boh im nemusí ihneď odpovedať. Boh im odpovie v ten najvhodnejší a najpríhodnejší čas, pretože On vie všetko. Keď je predmetom ich prosby v modlitbe niečo veľké a dôležité, Boh im môže odpovedať len vtedy, keď je splnené množstvo modlitieb. Keď sa Daniel modlil za získanie zjavení duchovných vecí, Boh poslal svojho anjela ako odpoveď na modlitbu, akonáhle sa Daniel začal modliť. Ale trvalo to dvadsaťjeden dní, kým sa Daniel skutočne stretol s anjelom. Celých tých dvadsaťjeden dní sa Daniel neprestajne modlil s rovnakým horlivým srdcom, ako keď sa začal modliť. Ak skutočne veríme, že sme už dostali niečo, potom nie je ťažké čakať, kým to dostaneme. Budeme len premýšľať o radosti, ktorú budeme mať, keď skutočne získame riešenie problému.

Niektorí veriaci sa nemôžu dočkať, až dostanú to, o čo v modlitbe prosia Boha. Na získanie odpovede od Boha sa môžu modliť a postiť, ale ak odpoveď nepríde dostatočne rýchlo, môžu sa jednoducho vzdať, mysliac si, že Boh im neodpovie.

Ak skutočne veríme a modlíme sa, nebudeme sklamaní ani sa nevzdáme. Nevieme, kedy odpoveď príde: zajtra, dnes večer, po ďalšej modlitbe alebo po jednom roku. Boh vie, kedy je najlepší čas dať nám odpoveď.

Jak 1, 6-8 hovorí: *„Nech však prosí s vierou, bez akéhokoľvek pochybovania, lebo kto pochybuje, podobá sa morskej vlne, hnanej a zmietanej vetrom. Taký človek nech si nemyslí, že dostane niečo od Pána; je to muž vnútorne rozpoltený a nestály*

vo všetkom svojom počínaní."
Jediná dôležitá vec je to, ako pevne veríme, keď sa modlíme. Ak skutočne veríme, že sme už dostali odpoveď, môžeme byť šťastní a radostní v akejkoľvek situácii. Ak máme vieru na získanie odpovede, budeme sa modliť a konať s vierou, kým nebudeme mať ovocie v rukách. Navyše, keď pri konaní Božieho diela prechádzame súžením srdca alebo prenasledovaním, môžeme prinášať ovocie dobroty len skrze trpezlivosť.

Trpezlivosť otcov viery

Pri bežaní maratónu sú aj ťažké chvíle. A radosť z dobehnutia do cieľa po prekonaní týchto ťažkých chvíľ by bola taká veľká, že ju dokážu pochopiť iba tí, ktorí to zažili. Božie deti, ktoré bežia preteky viery, môžu tiež z času na čas zápasiť s problémami, ale dokážu všetko prekonať vzhliadaním k Ježišovi Kristovi. Boh im dá Jeho milosť a silu a Duch Svätý im tiež pomôže.

Hebr 12, 1-2 hovorí: *„Preto aj my, obklopení takým veľkým zástupom svedkov, odhoďme všetku príťaž a hriech, čo nás opantáva a vytrvajme v behu, ktorý máme pred sebou. Upierajme zrak na Ježiša, pôvodcu a završovateľa našej viery. Miesto radosti, ktorá sa mu ponúkala, pretrpel muky na kríži, pohrdol potupou a teraz sedí po pravici Božieho trónu."*

Ježiš trpel veľkým pohŕdaním a výsmechom od Jeho stvorení, kým nesplnil prozreteľnosť spasenia. Ale pretože vedel, že bude sedieť po pravici Božieho trónu a ľudstvo získa spásu, vydržal až do konca, bez toho, aby premýšľal o fyzickej hanbe. Koniec koncov, zomrel na kríži, keď na seba vzal hriechy ľudstva, ale tretieho dňa vstal z mŕtvych, aby sa otvorila cesta spásy. Boh ustanovil Ježiša za Kráľa kráľov a Pána pánov, pretože až do smrti poslúchal s láskou a vierou.

Jakub bol Abrahámovým vnukom a stal sa otcom izraelského národa. Mal vytrvalé srdce. Podvodom ukradol prvorodenstvo svojmu bratovi Ezauovi a utiekol do Haranu. V Bételi dostal Boží prísľub.

Gn 28, 13-15 hovorí: „...*nad ním stál Pán a hovoril: Ja som Pán, Boh tvojho otca Abraháma a Boh Izáka. Zem, na ktorej ležíš, dám tebe a tvojmu potomstvu. Tvojho potomstva bude ako prachu zeme. Rozmnožíš sa na západ i na východ, na sever i na juh. V tebe a v tvojom potomstve budú požehnané všetky rody zeme. Ja som s tebou a budem ťa chrániť všade, kam pôjdeš, a dovediem ťa späť do tejto krajiny. Neopustím ťa, kým nesplním, čo som ti sľúbil.*" Jakub znášal dvadsať rokov skúšky, a nakoniec sa stal otcom všetkých Izraelitov.

Jozef bol jedenástym synom Jakuba a sám spomedzi všetkých bratov získal všetku otcovu lásku. Jedného dňa bol predaný ako otrok do Egypta rukami vlastných bratov. Stal sa otrokom v cudzej krajine, ale nebol skľúčený. Svoju prácu vykonával najlepšie ako vedel a pre jeho vernosť si ho všimol jeho pán. Jeho situácia sa zlepšila, začal sa starať o všetky záležitosti domácnosti jeho pána, ale bol neprávom obvinený a dostal sa do politického väzenia. Čelil jednej skúške za druhou.

Samozrejme, že všetky kroky boli Božou milosťou v procese jeho prípravy, aby sa stal ministerským predsedom v Egypte. No okrem Boha to nikto vedel. Ale Jozef nebol sklamaný ani vo väzení, pretože mal vieru a veril Božiemu sľubu, ktorý dostal v detstve. Veril, že Boh splní jeho sen, v ktorom sa mu klaňali slnko, mesiac a jedenásť hviezd na oblohe a on sa nezakolísal v žiadnej situácii. Veril Bohu úplne, vo všetkom vydržal a nasledoval správnu cestu v súlade s Božím slovom. Jeho viera bola pravá viera. Čo keby ste sa vy ocitli v rovnakej situácii? Viete si predstaviť, ako sa cítil po dobu 13 rokov odo dňa, keď bol predaný ako otrok? Pravdepodobne by ste sa pred Bohom veľa modlili, aby ste sa dostali z tejto situácie. Pravdepodobne by ste sa pozreli sami do seba a konali pokánie zo všetkých vecí, na ktoré si spomeniete, aby ste dostali odpoveď od Boha. Možno by ste tiež prosili o Božiu milosť s mnohými slzami a horlivými slovami. A ak nedostanete odpoveď po jednom roku, dvoch rokoch, či dokonca po desatich rokoch, iba budete čeliť ťažším situáciám, ako by ste sa cítili?

Bol uväznený počas najaktívnejších rokov jeho života, a keď videl nezmyselne ubiehajúce dni, mohol byť nešťastný, keby nemal vieru, ktorú mal. Ak by myslel na jeho dobrý život v dome jeho otca, cítil by sa ešte nešťastnejšie. Ale Jozef vždy dôveroval Bohu, ktorý ho sledoval a pevne veril v Božiu lásku, ktorá dáva to najlepšie v správny čas. Nikdy nestratil nádej, ani v depresívnych skúškach a konal s vernosťou a dobrotou v trpezlivosti, až kým sa nakoniec jeho sen nestal skutočnosťou.

Dávid bol tiež uznaný Bohom za človeka s Božím srdcom. Ale aj potom, čo bol pomazaný za budúceho kráľa, musel prejsť mnohými skúškami, vrátane prenasledovania kráľom Šaulom. Zažil mnoho životohrozujúcich situácií. Ale znášaním všetkých týchto ťažkostí s vierou sa stal veľkým kráľom, ktorý bol schopný vládnuť nad celým Izraelom.

Jak 1, 3-4 hovorí: „*...veď viete, že ak sa vaša viera osvedčí, vedie to k vytrvalosti. A vytrvalosť nech je zavŕšená skutkami, aby ste boli dokonalí, bezúhonní a bez akéhokoľvek nedostatku.*" Nabádam vás, aby ste kultivovali túto trpezlivosť v plnosti. Táto trpezlivosť zväčší vašu vieru a rozšíri a prehĺbi vaše srdce, aby dospelo. Ak dosiahnete trpezlivosť v plnosti, zažijete Božie požehnanie a odpovede, ktoré prisľúbil (Hebr 10, 36).

Trpezlivosť ísť do nebeského kráľovstva

Na vstúpenie do nebeského kráľovstva potrebujeme trpezlivosť. Niektorí ľudia hovoria, že sa tešia zo sveta, keď sú mladí a do kostola začnú chodiť, keď zostarnú. Niektorí iní vedú starostlivý život viery v nádeji na Pánov príchod, ale potom stratia trpezlivosť a zmenia názor. Pretože Pán nepríde tak rýchlo, ako očakávali, cítia, že je príliš ťažké byť aj naďalej usilovnými vo viere. Hovoria, že si musia oddýchnuť v obriezke srdca a konaní Božích diel, a keď si budú istí, že uvidia znamenia príchodu Pána, potom sa budú viac snažiť.

Ale nikto nevie, kedy si Boh povolá nášho ducha, alebo kedy Pán príde. Aj keby sme mohli tento čas vopred vedieť, nemohli by sme mať takú vieru, ako chceme. Ľudia nemôžu mať duchovnú vieru na získanie spásy podľa vlastného želania. Je to dané len Božou milosťou. Nepriateľ diabol a satan ich nenechajú tak ľahko získať spásu. Navyše, ak máte nádej na vstup do Nového Jeruzalema v nebi, môžete všetko robiť v trpezlivosti.

Ž 126, 5-6 hovorí: „*Tí, čo rozsievajú so slzami, budú žať s plesaním. S plačom vychádza ten, čo rozsieva semeno; s plesaním sa však vráti a donesie snopy."* Siatie semien a ich kultiváciu musí sprevádzať naše úsilie, slzy a smútok. Niekedy potrebný dážď neprichádza alebo môžu prísť hurikány, či príliš veľa dažďa a poškodiť úrodu. Ale nakoniec sa budeme určite radovať z bohatej úrody podľa pravidiel spravodlivosti.

Boh čaká tisíc rokov, ako keby to bol jeden deň, aby získal pravé deti a s bolesťou znášal darovanie Jeho jednorodeného Syna za nás. Pán znášal utrpenie na kríži a Duch Svätý tiež všetko znáša s nevysloviteľnými vzdychmi počas kultivácie človeka. Dúfam, že dosiahnete úplnú duchovnú trpezlivosť, pamätajúc na túto Božiu lásku, aby ste mali ovocie požehnania na tejto zemi aj v nebi.

Lk 6, 36

„Buďte milosrdní, ako je milosrdný aj váš Otec."

Proti takýmto veciam nie je zákon

Kapitola 6

Zhovievavosť

Pochopiť a odpustiť ostatným s ovocím zhovievavosti
Potreba mať Pánove srdce a Jeho skutky
Mať zhovievavosť odhodením predsudkov
Milosrdenstvo tým, ktorí majú ťažkosti
Nepoukazovať s ľahkosťou na nedostatky druhých
Byť štedrí ku všetkým
Pripísať česť ostatným

Zhovievavosť

Občas ľudia hovoria, že nedokážu určitého človeka pochopiť, aj keď sa mu snažili porozumieť, alebo aj keď sa snažili niekomu odpustiť, nie sú schopní mu odpustiť. Ale keď v našom srdci prinášame ovocie láskavosti, neexistuje nič, čo nemôžeme pochopiť a nie je nikto, komu nedokážeme odpustiť. S dobrotou budeme schopní porozumieť akémukoľvek človeku a s láskou kohokoľvek príjmeme. Nebudeme hovoriť, že z určitého dôvodu máme radi nejakého človeka a z iného dôvodu nemáme radi niekoho iného. Nebude nikto, koho by sme nemali radi alebo nenávideli. S nikým nebudeme mať rozpory ani nebudeme mať voči nikomu zlé pocity, či nepriateľov.

Pochopiť a odpustiť ostatným s ovocím zhovievavosti

Zhovievavosť je vlastnosť alebo stav byť zhovievavý. Ale duchovný význam zhovievavosti má bližšie k milosrdenstvu. A duchovný význam milosrdenstva je „v pravde pochopiť aj tých, ktorých ľudia nedokážu vôbec pochopiť." Je to tiež srdce, ktoré je schopné odpustiť v pravde, dokonca aj tým, ktorým ľudia nedokážu odpustiť. Boh s milosrdným srdcom prejavuje ľudstvu súcit.

Ž 130, 3 hovorí: *„Ak si budeš, Pane, v pamäti uchovávať neprávosti, Pane, kto obstojí?"* Ako už bolo napísané, ak by Boh nemal zľutovanie a súdil by nás podľa spravodlivosti, nikto by pred Bohom neobstál. Ale Boh odpustil aj tým a prijal dokonca aj takých, ktorým by nemohlo byť ani odpustené, ani by nemohli byť prijatí, ak by bola spravodlivosť prísne dodržaná. Okrem toho, Boh dal život Jeho jediného Syna, aby zachránil takých ľudí pred večnou smrťou. Vzhľadom k tomu, že sme sa stali Božími deťmi vierou v Pána, Boh chce, aby sme kultivovali toto milosrdné srdce. Z tohto dôvodu, Boh hovorí v Lk 6, 36: „Buďte milosrdní, ako je milosrdný váš Otec."

Toto milosrdenstvo je trochu podobné láske, ale zároveň je v rôznych smeroch odlišné. Duchovná láska znamená byť schopný obetovať sa pre druhých bez očakávania niečoho naspäť, zatiaľ čo milosrdenstvo znamená odpustenie a prijatie. Konkrétne to znamená, byť schopný prijať a objať celého človeka a nechápať ho nesprávne alebo necítiť k nemu nenávisť, aj keď nie je hoden žiadnej lásky. Nebudete nenávidieť alebo vyhýbať sa niekomu len preto, že sú jeho názory iné ako vaše, ale namiesto toho sa pre neho môžete stať silou a upokojením. Ak máte vrelé srdce prijať ostatných, neodhalili by ste ich neprávosti alebo previnenie, ale zakryli by ste ich a prijali ich, aby ste tak mohli mať s nimi krásny vzťah.

Došlo k udalosti, ktorá veľmi živo odhalila toto milosrdné srdce. Jedného dňa sa Ježiš modlil celú noc na Olivovej hore a ráno prišiel do chrámu. Keď sa posadil, zhromaždilo sa mnoho ľudí a nastal rozruch, keď začal kázať Božie slovo. Medzi davom boli aj niektorí zákonníci a farizeji, ktorí pred Ježiša priviedli ženu. Triasla sa od strachu.

Ježišovi povedali, že žena bola prichytená pri cudzoložstve a pýtali sa ho, čo by s ňou mali urobiť, pretože zákon hovorí, že takáto žena musí byť ukameňovaná na smrť. Ak by im Ježiš povedal, aby ju ukameňovali, nebolo by to v súlade s jeho učením, ktoré hovorí: „Milujte svojich nepriateľov." Ale keby im povedal, aby jej odpustili, bolo by to porušenie zákona. Zdalo sa, že Ježiš sa ocitol vo veľmi ťažkej situácii. Ale Ježiš len písal čosi do prachu zeme a odpovedal, ako je zaznamenané v Jn 8, 7: *"Keď sa ho neprestávali vypytovať, vzpriamil sa a povedal im: Kto z vás je bez hriechu, nech prvý hodí do nej kameň!"* Ľudia mali výčitky svedomia a jeden po druhom odišli. Nakoniec tam zostal len Ježiš a žena.

V Jn 8, 11 jej Ježiš odpovedal: *"Ani ja ťa neodsudzujem. Choď a odteraz už nehreš!"* Výraz „ani ja ťa neodsudzujem" znamená, že jej odpustil. Ježiš odpustil žene, ktorej nemohlo byť odpustené a dal jej šancu odvrátiť sa od jej hriechov. Toto je milosrdné srdce.

Potreba mať Pánove srdce a Jeho skutky

Milosrdenstvo je skutočne odpustiť aj nepriateľom a milovať aj ich. Rovnako ako matka sa stará o jej novonarodené dieťa, objímeme a príjmeme každého človeka. Aj keď ľudia majú nejaké veľké nedostatky alebo sa dopustili vážnych hriechov, namiesto odsúdenia budeme k nim milosrdní. Budeme nenávidieť hriech, ale nie hriešnika; budeme toho človeka chápať a pokúsime sa ho nechať žiť.

Zoberme si príklad dieťaťa s veľmi krehkým telom, ktoré je často choré. Čo by cítila matka k tomuto dieťaťu? Nebola by zvedavá, prečo sa narodilo takto, a prečo jej spôsobuje toľko ťažkostí. Necítila by kvôli tomu k dieťaťu nenávisť. Naopak, cítila by k nemu viac lásky a súcitu ako k ostatným deťom, ktoré sú zdravé.

Bola raz matka, ktorej syn bol duševne zaostalý. Až kým

nedosiahol vek dvadsiatich rokov, jeho mentálny vek bol ako dvojročného dieťaťa a matka ho nemohla ani na chvíľu spustiť z očí. Avšak, nikdy si nemyslela, že bolo ťažké starať sa o jej syna. Pri starostlivosti o neho voči nemu cítila len pochopenie a súcit. Ak úplne prinášame tento druh ovocia milosrdenstva, budeme milosrdní nielen k našim deťom, ale ku každému človeku.

Ježiš hlásal evanjelium o nebeskom kráľovstve počas Jeho verejného pôsobenia. Jeho hlavnými divákmi neboli bohatí a mocní; ale tí, ktorí boli chudobní, zanedbaní alebo tí, ktorých ľudia považovali za hriešnikov, ako sú vyberači daní a smilníci.

Bolo to rovnaké, keď si Ježiš vyberal učeníkov. Ľudia si môžu myslieť, že by bolo múdre vybrať si učeníkov z tých, ktorí boli dôkladne oboznámení s Božím zákonom, pretože by bolo jednoduchšie učiť ich Božie slovo. Ale Ježiš si nevybral takých ľudí. Ako svojich učeníkov si vybral Matúša, ktorý bol vyberačom daní; a Petra, Ondreja, Jakuba a Jána, ktorí boli rybármi.

Ježiš tiež uzdravil rôzne druhy chorôb. Jedného dňa uzdravil človeka, ktorý bol tridsaťosem rokov chorý a čakal na zvírenie vody pri rybníku Betsaida. Žil v bolestiach, bez akejkoľvek nádeje na život, ale nikto si ho nevšímal. Ale Ježiš prišiel k nemu a spýtal sa ho: „Chceš byť zdravý?" A uzdravil ho.

Ježiš uzdravil ženu, ktorí dvanásť rokov trpela na krvotok. Otvoril oči Bartimejovi, ktorý bol slepým žobrákom (Mt 9, 20-22; Mk 10, 46-52). Na ceste do mesta, ktoré sa volá Naim, uvidel vdovu, ktorej zomrel jediný syn. Zľutoval sa nad ňou a oživil jej mŕtveho syna (Lk 7, 11-15). Okrem týchto ľudí sa staral aj o tých, ktorí boli utláčaní. Stal sa priateľom zanedbaným, ako sú vyberači daní a hriešnici. Niektorí ľudia ho kritizovali za to, že jedol s hriešnikmi, hovorili: *„Keď to videli farizeji, hovorili jeho učeníkom: Ako to, že váš učiteľ jedáva s mýtnikmi a hriešnikmi?"* (Mt 9, 11). Ale keď to Ježiš počul, povedal: *„On to počul a povedal: Lekára nepotrebujú zdraví, ale chorí. Choďte a naučte sa, čo to znamená: Milosrdenstvo chcem, a nie obetu. Neprišiel som povolať spravodlivých, ale hriešnikov"* (Mt 9, 12-13). Ukázal nám srdce súcitu a milosrdenstva k hriešnikom a chorým. Ježiš neprišiel len kvôli bohatým a spravodlivým, ale hlavne kvôli chudobným, chorým a hriešnikom. Môžeme rýchlo prinášať ovocie milosrdenstva, keď budeme mať srdce a skutky Ježiša. Poďme sa teraz ponoriť do toho, čo konkrétne by sme mali robiť, aby sme prinášali ovocie milosrdenstva.

Mať zhovievavosť odhodením predsudkov

Svetskí ľudia veľmi často súdia ľudí podľa vzhľadu. Ich postoje voči ľuďom sa menia v závislosti od toho, či ich vidia ako bohatých a slávnych alebo nie. Božie deti nesmú súdiť ľudí podľa ich vzhľadu alebo zmeniť postoje ich srdca len kvôli vzhľadu. Dokonca aj malé deti alebo tých, ktorí sa zdajú byť horší ako my, musíme považovať za lepších ako sme my a slúžiť im srdcom Pána.

Jak 2, 1-4 hovorí: *„Bratia moji, nespájajte vieru v nášho Pána Ježiša Krista s uprednostňovaním niekoho. Lebo ak by do vášho zhromaždenia vošiel muž so zlatými prsteňmi, v nádhernom rúchu a vošiel by aj chudobný v biednom odeve, a vy by ste so sympatiou pohliadli na toho, čo má nádherný odev,* *a povedali by ste: Ty sa posaď pekne sem!, zatiaľ čo chudobnému by ste povedali: Ty stoj tam alebo sadni si k mojej podnožke!, vari ste týmto neurobili rozdiel medzi nimi a nestali ste sa zle usudzujúcimi sudcami?"*

A tiež 1 Pt 1, 17 hovorí: *„A ak vzývate ako Otca toho, čo súdi nestranne každého podľa jeho skutkov, žite v bázni počas svojho pobytu v cudzine."*

Ak budeme prinášať ovocie milosrdenstva, nebudeme súdiť ani odsudzovať ostatných podľa ich vzhľadu. Mali by sme tiež skontrolovať, či máme predsudky alebo uprednostňovanie v duchovnom zmysle. Existujú ľudia, ktorí sú pomalí v chápaní duchovných veci. Niektorí iní majú nejaké nedostatky tela, a tak môžu hovoriť a robiť veci, ktoré v určitých situáciach nezapadajú do kontextu. A ešte ďalší konajú spôsobom, ktorý nie je v súlade so spôsobmi Pána.

Keď vidíte takých ľudí alebo komunikujete s nimi, necítite sa trochu frustrovaní? Nepozeráte sa na nich povýšenecky a nechcete sa im do určitej miery vyhýbať? Spôsobili ste iným rozpaky agresívnymi slovami alebo nezdvorilým postojom?

Niektorí ľudia tiež hovoria o inom človeku a odsudzujú ho, ako keby boli sudcom, ak sa tento človek dopustil hriechu. Keď bola žena, ktorá sa dopustila cudzoložstva, privedená pred Ježiša, mnoho ľudí na ňu ukazovalo prstom v rozsudku a odsúdení. Ale Ježiš ju neodsúdil, dal jej šancu na záchranu. Ak máte takéto milosrdné srdce, potom budete mať súcit s tými, ktorí sú trestaní za ich hriechy a budete dúfať, že ich prekonajú.

Milosrdenstvo tým, ktorí majú ťažkosti

Ak sme milosrdní, budeme mať súcit s tými, ktorí majú ťažkosti a veľmi radi im pomôžeme. Nebudeme mať s nimi súcit len v našich srdciach a nepovieme: „Vzchop sa a buď silný!" len našimi perami. Skutočne im nejakým spôsobom pomôžeme.

1 Jn 3, 17-18 hovorí: *„Ak však má niekto pozemský majetok a vidí svojho brata v núdzi, a zatvorí si pred ním srdce, ako v ňom môže byť Božia láska? Deti, nemilujme slovom ani rečou, ale skutkom, opravdivo."* Aj Jak 2, 15-16 hovorí: *„Nemilujte svet, ani to, čo je vo svete. Ak niekto miluje svet, nie je v ňom Otcova láska. Veď nič z toho, čo je vo svete – žiadostivosť tela, žiadostivosť očí a vystatovanie sa blahobytom, – nie je z Otca, ale zo sveta."*

Nemali by ste si pomyslieť: „Je to škoda, že hladuje, ale nemôžem nič robiť, pretože mám dosť akurát pre seba." Ak skutočne cítite ľútosť s úprimným srdcom, dokážete sa podeliť o svoj diel alebo ho dokonca dať celý. Ak si niekto myslí, že jeho situácia mu nedovoľuje pomôcť žiadnym iným ľuďom, potom je veľmi nepravdepodobné, že bude pomáhať ostatným, aj keď sa stane bohatým.

To sa netýka len materiálnych vecí. Keď vidíte niekoho, kto trpí akýmkoľvek problémom, mali by ste chcieť mu trochu pomôcť a zdieľať bolesť s týmto človekom. Toto je milosrdenstvo. Predovšetkým by ste sa mali starať o tých, ktorí kráčajú cestou do pekla, pretože neveria v Pána. Budete sa snažiť zo všetkých síl, aby ste ich viedli na cestu spásy.

V Manminskej centrálnej cirkvi sa od jej otvorenia diali veľké skutky Božej moci. Ale aj naďalej prosím o väčšiu moc a zasväcujem celý život uskutočňovaniu tejto moci. Je to preto, že sám som trpel chudobou a v dôsledku choroby som zažil bolesť zo straty nádeje. Keď vidím tých ľudí, ktorí trpia týmito problémami, ich bolesť cítim ako moju vlastnú a chcem im pomôcť najlepšie, ako dokážem.

Je mojou túžbou vyriešiť ich problémy, zachrániť ich pred trestami pekla a viesť ich do neba. Ale ako môžem sám pomôcť toľkým ľuďom? Odpoveď, ktorú som dostal na túto otázku, bola Božou mocou. Aj keď nemôžem vyriešiť všetky problémy chudoby, chorôb a mnoho ďalších problémov všetkých ľudí, môžem im pomôcť stretnúť a zažiť Boha. To je dôvod, prečo sa snažím uskutočňovať väčšiu Božiu moc, aby viac ľudí mohlo stretnúť a zažiť Boha.

Samozrejme, uskutočňovať moc nie je dovŕšenie procesu spásy. Aj keď budú mať vieru tým, že uvidia túto moc, musíme sa o nich starať fyzicky i duchovne, až kým nestoja vo viere pevne. To je dôvod, prečo som sa zo všetkých síl snažil poskytnúť pomoc núdznym, aj keď náš samotný kostol mal finančné problémy. Bolo to preto, aby mohli s väčšou silou pochodovať smerom k nebu. Prís 19, 17 hovorí: *„Kto sa zľutuje nad biednym, požičiava Pánovi, ktorý mu odplatí jeho dobročinnosť."* Ak sa staráte o duše so srdcom Pána, Boh vám to iste odplatí Jeho požehnaním.

Nepoukazovať s ľahkosťou na nedostatky druhých

Ak niekoho milujeme, niekedy mu musíme poradiť alebo

pokarhať ho. Ak rodičia vôbec nekarhajú svoje deti, ale celý čas im odpúšťajú len preto, že ich milujú, potom ich deti budú rozmaznané. Ale ak máme milosrdenstvo, nemôžeme s ľahkosťou trestať, karhať alebo poukazovať na nedostatky. Keď dáme malú radu, urobíme to s modliacou mysľou a starostlivosťou o srdce toho človeka. Prís 12, 18 hovorí: „*Kto bezohľadne rozpráva, akoby bodal mečom, lež jazyk múdrych prináša uzdravenie.*"
Pastori a predstavení, najmä tí, ktorí vyučujú veriacich, musia mať tieto slová stále na pamäti.

Môžete s ľahkosťou povedať: „Máš v sebe nepravdivé srdce a to sa nepáči Bohu. Máš taký a taký nedostatok, a v dôsledku týchto vecí nie si ostatnými milovaný." Aj keď to, čo hovoríte, je pravda, ak poukážete na nedostatky vašou vlastnou spravodlivosťou alebo rámcami myslenia bez lásky, nedáva to život. Ostatní sa nezmenia tou radou, a v skutočnosti to zraní ich city, odradí ich to a stratia silu.

Niekedy ma niektorí členovia cirkvi prosia, aby som poukázal na ich nedostatky, aby si ich mohli uvedomiť a zmeniť sa. Hovoria, že si chcú uvedomiť svoje nedostatky a zmeniť sa. A tak, keď začnem veľmi opatrne niečo hovoriť, zastavia moje slová, aby vysvetlili ich stanovisko, preto im v skutočnosti nemôžem poradiť. Ale dať radu nie je jednoduché. V danej chvíli ju môžu prijať s vďakou, ale v prípade, že stratia plnosť Ducha, nikto nevie, čo sa stane v ich srdci.

Niekedy musím poukázať na veci za účelom dosiahnutia Božieho kráľovstva alebo umožniť ľuďom získať riešenie na ich problémy. Pozorujem výraz na ich tvárach s modliacou sa mysľou, dúfajúc, že ich to neurazí alebo neodradí.

Samozrejme, že keď Ježiš silnými slovami karhal farizejov a

zákonníkov, neboli schopní prijať Jeho radu. Ježiš im dal šancu, aby Ho aspoň jeden z nich počúvol a konal pokánie. Tiež preto, že boli učiteľmi ľudí, Ježiš chcel, aby ľudia všetko pochopili a nenechali sa oklamať ich pokrytectvom. Okrem týchto osobitných prípadov, nemali by ste hovoriť slová, ktoré by sa mohli dotknúť pocitov druhých alebo odhaľovať ich neprávosti, aby sa potkli. Ak musíte dať radu, pretože je to nevyhnutne potrebné, mali by ste to urobiť s láskou, mysliac z hľadiska druhého a so starostlivosťou o tú dušu.

Byť štedrí ku všetkým

Väčšina ľudí môže veľkoryso dať to, čo majú do istej miery tým, ktorých milujú. Dokonca aj tí, ktorí sú lakomí, môžu požičiavať alebo dávať dary ostatným, ak vedia, že za to získajú niečo späť. V Lk 6, 32 hovorí: *„Keby ste milovali len tých, čo vás milujú, akú vďaku si zaslúžite? Veď aj hriešnici milujú tých, ktorí ich milujú."* Môžeme prinášať ovocie milosrdenstva, keď môžeme dať seba bez toho, aby sme chceli za to niečo späť.

Ježiš vedel od začiatku, že Judáš ho zradí, ale zaobchádzal s ním rovnakým spôsobom ako s ostatnými učeníkmi. Znova a znova mu dával šancu, aby konal pokánie. Aj keď bol ukrižovaný, Ježiš sa modlil za tých, ktorí ho križovali. Lk 23, 34 hovorí: *„Otče, odpusť im, lebo nevedia, čo robia."* Toto je milosrdenstvo, s ktorým môžeme odpustiť aj tým, ktorým nemôže byť vôbec odpustené.

V knihe Skutkov môžeme nájsť Štefana, ktorý tiež prinášal toto ovocie milosrdenstva. Nebol apoštolom, ale bol naplnený Božou milosťou a mocou. Skrze neho sa konali veľké divy a zázraky. Tí, ktorým sa táto skutočnosť nepáčila, snažili sa s ním hádať, ale keď odpovedal v Duchu Svätom s múdrosťou Boha, nedokázali mu oponovať. Je napísané, že ľudia videli jeho tvár, ktorá bola ako tvár anjela (Sk 6, 15). Židia mali výčitky svedomia pri počúvaní Štefanovho kázania, a nakoniec ho odviedli za mesto a ukameňovali ho na smrť. Aj keď umieral, modlil sa za tých, ktorí do neho hádzali kamene: *„Pane, nepočítaj im tento hriech!"* (Sk 7, 60). To nám ukazuje, že už im odpustil. Necítil voči nim nenávisť, mal len ovocie milosrdenstva, pretože mal s nimi súcit. Štefan bol schopný uskutočniť tieto úžasné diela, pretože mal také srdce.

Do akej miery ste kultivovali tento druh srdca? Je tu ešte stále niekto, koho nemáte radi alebo niekto, kto s vami nemá dobrý vzťah? Mali by ste byť schopní prijať a objať ostatných, aj keď ich vlastnosti a názory nie sú v súlade s vašimi. Najprv by ste mali premýšľať z pohľadu danej osoby. Potom môžete zmeniť pocity nevôle voči tejto osobe.

Ak si myslíte: „Prečo to robí? Jednoducho ho nechápem," potom budete mať len zlé a nepríjemné pocity, keď ho uvidíte. Ale ak si môžete pomyslieť: „Och, v jeho pozícii môže konať týmto spôsobom," potom môžete zmeniť pocity nevôle. Preto sa radšej zmilujete nad človekom, ktorý si nemôže pomôcť, ale robí to, čo robí, a budete sa za neho modliť.

Keď týmto spôsobom zmeníte svoje myšlienky a pocity, môžete odstrániť nenávisť a jeden po druhom aj iné zlé pocity. Ak v sebe budete udržiavať pocit, že chcete trvať na svojej tvrdohlavosti, nebudete schopní prijať ostatných. Ani nedokážete z vás vytrhnúť nenávisť alebo zlé pocity. Mali by ste odvrhnúť svoju vlastnú spravodlivosť a zmeniť svoje myšlienky a pocity, aby ste mohli prijať a slúžiť akémukoľvek druhu človeka.

Pripísať česť ostatným

Aby sme prinášali ovocie milosrdenstva, mali by sme vzdať česť ostatným, keď je niečo dobre vykonané a mali by sme prijať vinu, keď sa niečo pokazí. Ak iný človek dostane všetko uznanie a je chválený viac, aj keď ste pracovali spolu, stále sa môžete s ním radovať, ako keby to bolo vaše vlastné šťastie. Nebudete mať žiadne ťažkosti, mysliac si, že ste vykonali viac práce, a že človek je chválený, aj keď má veľa nedostatkov. Budete len vďační, mysliac si, že môže mať väčšiu dôveru a tvrdšie pracovať potom, čo bol ostatnými pochválený.

Ak matka vykoná niečo spolu s jej dieťaťom, a iba dieťa dostane odmenu, ako by sa matka cítila? Nemala by existovať žiadna matka, ktorá by sa sťažovala, že pomohla svojmu dieťaťu správne vykonať úlohu a nedostala žiadnu odmenu. Taktiež, matka rada počuje od ostatných, že je krásna, ale bola by radšej, keby ľudia hovoria, že jej dcéra je krásna.

Ak máme ovocie milosrdenstva, môžeme akéhokoľvek človeka postaviť pred nás a pripísať mu zásluhy. A budeme sa radovať spolu s ním, ako keby sme boli chválení my. Milosrdenstvo je vlastnosťou Boha Otca, ktorý je plný súcitu a lásky. Nielen milosrdenstvo, ale každé z ovocia Ducha Svätého je tiež srdcom dokonalého Boha. Láska, radosť, pokoj, trpezlivosť a všetky ostatné ovocia sú rôznymi aspektami Božieho srdca.

Preto, prinášať ovocie Ducha Svätého znamená, že sa musíme usilovať o to, aby sme v nás mali Božie srdce a boli dokonalí, ako je Boh dokonalý. Čím zrelšie sa vo vás stane duchovné ovocie, tým krajšími sa stanete a Boh nebude schopný ovládať Jeho lásku k vám. Bude sa nad vami radovať, hovoriac, že ste Jeho synmi a dcérami, ktorí sa Mu veľmi podobajú. Ak sa stanete Božími deťmi, ktoré Ho potešujú, môžete získať všetko, o čo v modlitbe prosíte, a dokonca aj to, po čom vo svojom srdci túžite, Boh to vie a odpovie vám. Dúfam, že všetci z vás budú v plnosti prinášať ovocie Ducha Svätého a vo všetkom potešovať Boha, a tak budete prekypovať požehnaním a tešiť sa úžasnej cti v nebeskom kráľovstve ako deti, ktoré sa tak dokonale podobajú Bohu.

Flp 2, 5

„Majte v sebe také zmýšľanie,

aké zodpovedá životu v Kristovi Ježišovi."

Proti takýmto veciam nie je zákon

Kapitola 7

Dobrota

Ovocie dobroty
Hľadať dobrotu nasledovaním túžob Ducha Svätého
Vybrať si vo všetkom dobrotu ako milosrdný Samaritán
V nijakej situácii sa nehádať ani nevychvaľovať
Nalomenú trstinu nedolomiť alebo tlejúci knôt neuhasiť
Sila nasledovať dobrotu v pravde

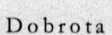

Dobrota

Raz v noci šiel mladý muž v zchátralom oblečení navštíviť starší manželský pár ohľadne izby na prenájom. Pár sa nad ním zľutoval a izbu mu prenajal. No tento mladý muž nechodil do práce, ale celé dni trávil opíjaním sa. V takomto prípade by väčšina ľudí chceli, aby odišiel, mysliac si, že nebude schopný platiť nájom. Ale tento starší pár mu z času na čas dal jedlo a podvzbudzoval ho, zatiaľ čo mu kázal evanjelium. Bol dojatý ich milujúcimi skutkami, pretože s ním zaobchádzali ako s vlastným synom. Nakoniec prijal Ježiša Krista a stal sa novým človekom.

Ovocie dobroty

Milovať aj zanedbaných alebo sociálnych vývržencov až do konca bez toho, aby sme to s nimi vzdali, je dobrota. Ovocie dobroty nie je len v srdci, ale preukazuje sa v skutku, ako to bolo v prípade staršieho manželského páru.

Ak budeme prinášať ovocie dobroty, budeme všade vydávať vôňu Krista. Ľudí okolo nás sa to dotkne, keď uvidia naše dobré skutky a vzdajú slávu Bohu.

„Dobrota" je vlastnosť byť jemný, ohľaduplný, zhovievavý a cnostný. V duchovnom zmysle, však, je to srdce, ktoré hľadá dobrotu v Duchu Svätom, ktorý je dobrota v pravde. Keď prinášame toto ovocie dobroty v plnosti, budeme mať srdce Pána, ktoré je čisté a nepoškvrnené.

Niekedy, dokonca aj neveriaci, ktorí nedostali dar Ducha Svätého, do určitej miery nasledujú dobrotu v ich živote. Svetskí ľudia rozlišujú a súdia, či je niečo dobré alebo zlé podľa vlastného svedomia. Ak svetskí ľudia nemajú výčitky svedomia, myslia si, že sú dobrí a spravodliví. Ale svedomie človeka sa líši od človeka k človeku. Aby sme chápali dobrotu ako ovocie Ducha, musíme najprv pochopiť svedomie ľudí.

Hľadať dobrotu nasledovaním túžob Ducha Svätého

Niektorí noví veriaci môžu súdiť kázanie na základe vlastného vedomia a svedomia, hovoriac: „Táto poznámka nie je v súlade s touto vedeckou teóriou." Ale ako rastú vo viere a učia sa Božie slovo, uvedomia si, že ich štandard úsudku nie je správny.

Svedomie je štandardom na rozlišovanie medzi dobrom a zlom, čo je založené na základoch prirodzenosti človeka. Charakter človeka závisí od druhu životnej energie, s ktorou sa človek narodí a druhu prostredia, v ktorom vyrastá. Tie deti, ktoré dostávajú dobrú životnú energiu, majú relatívne dobrú prirodzenosť. Aj u ľudí, ktorí vyrastajú v dobrom prostredí, vidia a počujú veľa dobrých vecí, je pravdepodobné, že si vytvoria dobré svedomie. Na druhej strane, ak sa človek narodí s mnohými zlými prirodzenosťami po jeho rodičoch a príde do kontaktu s mnohými zlými vecami, jeho prirodzenosť a svedomie budú pravdepodobne zlé.

Napríklad, deti, ktoré boli vychovávané k úprimnosti, budú mať výčitky svedomia, keď povedia lož. Ale tie deti, ktoré vyrastali medzi klamármi, budú cítiť, že klamať je len prirodzené. Ani im nenapadne, že klamú. V domnení, že je v poriadku klamať, ich svedomie je ušpinené zlom natoľko, že z toho nemajú ani výčitky svedomia.

Aj keď sú deti vychovávané rovnakými rodičmi v rovnakom prostredí, prijímajú veci rôznymi spôsobmi. Niektoré deti len poslúchajú svojich rodičov, zatiaľ čo iné deti majú veľmi silnú vôľu a nemajú tendenciu poslúchať. A teda, aj keď sú súrodenci vychovávaní rovnakými rodičmi, ich svedomie bude iné. Svedomie bude vznikať odlišne v závislosti od sociálnych a ekonomických hodnôt, kde vyrastali. Každá spoločnosť má iný hodnotový systém a normu spred 100 rokov, 50 rokov a tá dnešná je úplne iná. Napríklad, keď ľudia mali kedysi otrokov, nemysleli si, že bolo zlé otrokov biť a nútiť ich pracovať. Taktiež, iba pred 30 rokmi bolo spoločensky neprijateľné, aby vo verejnom vysielaní vystúpila žena. Ako už bolo spomenuté, svedomie ľudí sa líši v závislosti od človeka, miesta a času. Tí, ktorí si myslia, že nasledujú vlastné svedomie, v skutočnosti nasledujú to, čo si myslia, že je dobré. Avšak, nemôžno o nich povedať, že konajú v absolútnej dobrote.

Ale my, ktorí sme veriacimi v Boha, máme rovnakú normu, ktorou rozlišujeme medzi dobrom a zlom. Našou normou je Božie slovo. Táto norma je tá istá včera, dnes i naveky. Duchovná dobrota je mať túto pravdu ako naše svedomie a nasledovať ju. Je to ochota nasledovať túžby Ducha Svätého a hľadať dobrotu. Ale iba tým, že máme túžbu nasledovať dobrotu, nemôžeme povedať, že prinášame ovocie dobroty. Môžeme povedať, že prinášame ovocie len vtedy, keď táto túžba nasledovať dobrotu je preukázaná a uskutočnená v skutku.

Mt 12, 35 hovorí: *„Zatiaľ čo dobrý človek vynáša dobré veci z dobrého pokladu."* Prís 22, 11 tiež hovorí: *„Kto má rád čisté srdce a láskavé pery, bude priateľom kráľa."* Rovnako ako vo vyššie uvedených veršoch, tí, ktorí skutočne hľadajú dobrotu, budú mať prirodzene dobré skutky, ktoré možno vidieť navonok.

Nech pôjdu kdekoľvek a stretnú kohokoľvek, preukazujú štedrosť a lásku dobrými slovami a skutkami. Rovnako ako človek, ktorý sa navoňal parfémom, bude vydávať peknú vôňu, ľudia s dobrotou budú vydávať vôňu Krista.

Niektorí ľudia túžia po kultivácii dobrého srdca, a tak nasledujú duchovných ľudí a chcú mať s nimi priateľstvo. Radi počúvajú a učia sa pravdu. Ľahko sa ich čokoľvek dotkne a ronia veľa sĺz. Ale nemôžu kultivovať dobré srdce len preto, že po ňom túžia. Ak niečo počuli a naučili sa, musia to kultivovať vo svojom srdci a skutočne to aj konať. Napríklad, ak ste radi v spoločnosti iba dobrých ľudí a vyhýbate sa tým, ktorí nie sú dobrí, je to skutočne túžba po dobrote?

Aj od takých, ktorí nie sú veľmi dobrí, sa môžete naučiť zopár vecí. Aj keď sa nemôžete niečo naučiť od nich, môžete získať ponaučenie z ich života. Ak je niekto výbušný, môžete sa dozvedieť, že kvôli výbušnosti sa často dostáva do hádok a argumentov. Na základe tohto pozorovania sa dozviete, prečo by ste nemali mať takú povahu. Ak sa stretávate iba s tými, ktorí sú dobrí, nemôžete sa poučiť z relativity vecí, ktoré vidíte alebo počujete. Vždy existujú veci, ktoré sa môžete naučiť od rôznych druhov ľudí. Môžete si myslieť, že veľmi túžite po dobrote a naučíte sa a uvedomíte si veľa vecí, ale mali by ste skontrolovať samých seba, či vám nechýbajú skutočné skutky hromadenia dobroty.

Vybrať si vo všetkom dobrotu ako milosrdný Samaritán

Teraz sa pozrieme podrobnejšie na to, čo je duchovná dobrota, ktorá je nasledovaním dobroty v pravde a v Duchu Svätom. V skutočnosti je duchovná dobrota veľmi široký pojem. Božia prirodzenosť je dobrota, a tá dobrota je zakotvená v celej Biblii. Ale verš, z ktorého môžeme veľmi dobre cítiť vôňu dobroty, je Flp 2, 1-4:

"Ak teda jestvuje nejaké povzbudenie v Kristovi, ak jestvuje nejaká útecha z lásky, nejaké spoločenstvo Ducha, nejaký súcit a milosrdenstvo, dovŕšte moju radosť: Zmýšľajte rovnako, rovnako milujte, buďte jedna duša a jedna myseľ! Nič nerobte z ctižiadostivosti ani pre márnu slávu, ale radšej v pokore pokladajte iných za vyšších od seba a nevyhľadávajte iba svoje záujmy, ale aj záujmy druhých."

Človek, ktorý prináša duchovnú dobrotu, hľadá dobrotu v Pánovi, a tak podporuje aj diela, s ktorými v skutočnosti nesúhlasí. Taký človek je pokorný a nemá žiadny zmysel márnosti po uznaní alebo odhalení. Aj keď ostatní nie sú takí bohatí alebo inteligentní ako on, dokáže ich zo srdca rešpektovať a stať sa ich skutočným priateľom.

Aj keď im iní spôsobujú ťažkosti bez príčiny, iba ich s láskou príjme. Slúži im a uponíži sa, aby mohol mať s každým pokoj. Nielen verne plní svoje povinnosti, ale stará sa aj o diela iných ľudí. V Lk 10 je podobenstvo o milosrdnom Samaritánovi.

Na ceste z Jeruzalema do Jericha bol okradnutý muž. Lupiči mu vyzliekli šaty a nechali ho tam polomŕtveho ležať. Išiel okolo kňaz a videl, že umiera, ale iba popri ňom prešiel. Aj Levíta ho videl, ale aj ten len popri ňom prešiel. Kňazi a levíti sú tí, ktorí poznajú Božie slovo, a ktorí slúžia Bohu. Poznajú zákon lepšie ako ktokoľvek z ľudí. Sú tiež hrdí na to, ako dobre slúžia Bohu. Keď mali nasledovať Božiu vôľu, neukázali skutky, ktoré mali ukázať. Samozrejme, mohli povedať, že mali dôvody, prečo mu nemohli pomôcť. Ale keby mali dobrotu, nedokázali by len tak ignorovať človeka, ktorý zúfalo potreboval ich pomoc.

Neskôr išiel okolo Samaritán a uvidel muža, ktorý bol okradnutý. Tento Samaritán sa nad ním zľutoval a zakryl jeho rany. Odniesol ho na jeho zvierati, vzal ho do hostinca a požiadal hostinského, aby sa o neho staral. Na druhý deň dal hostinskému dva denáre a sľúbil, že na spiatočnej ceste hostinskému zaplatí za všetky dodatočné náklady.

Ak by bol Samaritán premýšľal sebecky, nemal by žiadny dôvod urobiť to, čo urobil. Aj on bol zaneprázdnený a mohol utrpieť stratu času a peňazí, ak by sa zaplietol do záležitostí úplného cudzinca. Taktiež, mohol mu poskytnúť iba prvú pomoc, ale nemusel požiadať hostinského, aby sa o neho staral, sľúbiac, že mu za dodatočné náklady zaplatí.

Ale pretože mal dobrotu, nemohol len tak ignorovať umierajúceho človeka. Aj keby utrpel stratu času a peňazí, a aj napriek tomu, že bol zaneprázdnený, nemohol jednoducho prehliadnuť človeka, ktorý zúfalo potreboval jeho pomoc. Keď sám nemohol pomôcť tomuto človeku, požiadal o pomoc iného človeka. Ak by aj on popri ňom len prešiel v dôsledku jeho osobných dôvodov, v budúcnosti by pravdepodobne mal tento

Samaritán v srdci bremeno.

Neustále by sa k tomu vracal a obviňoval sám seba, mysliac si: „Som zvedavý, čo sa stalo s tým zraneným mužom. Mal som ho zachrániť, aj keby som utrpel stratu. Boh ma sledoval, ako som to mohol urobiť?" Duchovná dobrota je neschopnosť vydržať, ak si nezvolíme cestu dobroty. Aj s pocitom, že sa nás niekto snaží oklamať, vo všetkom si volíme dobrotu.

V nijakej situácii sa nehádať ani nevychvaľovať

Ďalší verš, ktorý nám umožňuje cítiť duchovnú dobrotu, je Mt 12, 19-20. Verš 19 hovorí: „*Nebude sa škriepiť, ani kričať, na uliciach nikto nepočuje jeho hlas.*" A verš 20 hovorí: „*Nalomenú trstinu nedolomí a tlejúci knôt nedohasí, kým nedopomôže právu k víťazstvu.*"

Hovorí o duchovnej dobrote Ježiša. Počas Jeho služby Ježiš nemal s nikým žiadne problémy alebo spory. Od detstva poslúchal Božie slovo a počas verejného pôsobenia konal len dobré veci, hlásal evanjelium o nebeskom kráľovstve a uzdravoval chorých. A aj napriek tomu, zlí ľudia ho mnohými slovami skúšali v snahe zabiť ho.

Zakaždým, keď Ježiš spoznal ich zlé úmysly, necítil k nim nenávisť. Iba im pomohol uvedomiť si pravú Božiu vôľu. Ak si to vôbec nedokázali uvedomiť, nehádal sa s nimi, iba sa im vyhýbal. Aj keď bol pred ukrižovaním vypočúvaný, nehádal sa ani nedohadoval.

Keď v kresťanskej viere prejdeme štádiom nováčika, naučíme sa Božie slovo do istej miery. Nebudeme ľahko zvyšovať hlas alebo mať výbuchy zlosti len kvôli nejakej nezhode s ostatnými. Ale hádanie sa nie je len zvyšovanie hlasu. Ak budeme mať nejaké nepríjemné pocity kvôli nejakým nezhodám, znamená to mať spor. Hovoríme, že je to spor, pretože pokoj srdca je zničený. Ak je v srdci spor, príčina spočíva v človeku. Nie je to preto, že niekto nám spôsobuje ťažkosti. Nie je to preto, že iní nekonajú tak, ako si my myslíme, že je správne. Je to preto, že naše srdcia sú príliš malé, aby ich prijali, a to je preto, že máme vlastný rámec myšlienok, ktoré nás stavajú do rozporu s mnohými vecami.

Kus mäkkej bavlny nevydá žiadny zvuk, keď je zasiahnutý nejakým objektom. Aj keď zatrasieme skleneným pohárom, v ktorom je číra a čistá voda, tá voda zostane aj naďalej číra a čistá. Je to rovnaké s ľudským srdcom. Ak je narušený pokoj a v určitej situácii vyjdú na povrch nejaké nepríjemné pocity, je to preto, že v srdci je ešte stále prítomné zlo.

Je napísané, že Ježiš nekričal, tak prečo kričia ostatní ľudia? Je to preto, že sa chcú zviditeľniť a chváliť. Kričia, pretože chcú byť ostatnými uznaní a obsluhovaní.

Ježiš uskutočnil také obrovské diela, ako je vzkriesenie mŕtvych a otvorenie očí slepým. Ale bol aj naďalej skromný. Okrem toho, aj keď Ho ľudia zosmiešňovali, keď visel na kríži, až do smrti iba poslúchal Božiu vôľu, pretože nemal v úmysle sám seba zviditeľniť (Flp 2, 5-8). Verš tiež hovorí, že nikto nepočul na ulici Jeho hlas. Hovorí nám to, že Jeho správanie bolo dokonalé. Bol dokonalý v Jeho správaní, postoji a spôsobe reči. Jeho extrémna dobrota, pokora a duchovná láska, ktoré boli hlboko v Jeho srdci, prejavili sa aj navonok.

Ak budeme prinášať ovocie duchovnej dobroty, nebudeme mať s nikým žiadny konflikt alebo problémy tak, ako náš Pán nemal žiadne konflikty. Nebudeme hovoriť o chybách alebo nedostatkoch iných ľudí. Nebudeme sa snažiť medzi inými ľuďmi chváliť alebo vyvyšovať sa nad ostatných. Aj keď trpíme bezdôvodne, nebudeme sa sťažovať.

Nalomenú trstinu nedolomiť alebo tlejúci knôt neuhasiť

Keď pestujeme strom alebo rastliny, a tie majú poškodené listy alebo konáre, zvyčajne ich odrežeme. Taktiež, keď knôt dotlieva, nevydáva jasné svetlo, iba výpary a dym. A tak ho ľudia iba uhasia. Ale tí, ktorí majú duchovnú dobrotu, „nalomenú trstinu nedolomia alebo tlejúci knôt neuhasia." Ak je sebemenšia šanca na zotavenie, nedokážu ukončiť ten život a snažia sa otvoriť cestu života ostatným.

Tu sa „nalomená trstina" vzťahuje na tých, ktorí sú plní hriechov a zla tohto sveta. Tlejúci knôt symbolizuje tých, ktorých srdcia sú tak veľmi ušpinené zlom, že svetlo ich duše čoskoro vyhasne. Je nepravdepodobné, že títo ľudia, ktorí sú ako nalomené trstiny a tlejúci knôt, príjmu Pána. Aj keď veria v Boha, ich skutky sa nijako nelíšia od skutkov svetských ľudí. Dokonca hovoria proti Duchu Svätému alebo stoja proti Bohu. V Ježišovej dobe bolo veľa tých, ktorí v Ježiša neverili. A to aj napriek tomu, že videli také úžasné skutky moci, naďalej stáli proti dielam Ducha Svätého. Ježiš sa až do konca na nich pozeral s vierou a vytvoril pre nich príležitosti získania spásy.

V súčasnej dobe, a to aj v kostoloch, je veľa ľudí, ktorí sú ako nalomené trstiny a tlejúce knôty. Perami hovoria: „Pane, Pane", ale aj naďalej žijú v hriechu. Niektorí z nich dokonca stoja proti Bohu. V ich slabej viere sa v pokušení potknú a prestanú chodiť do kostola. Potom, čo vykonajú veci, ktoré sú v cirkvi považované za zlé, sú v takých rozpakoch, že opustia kostol. Ak máme v sebe dobrotu, ako prvé by sme mali natiahnuť ruky k nim.

Niektorí ľudia chcú byť milovaní a uznaní v kostole, ale ak sa tak nestane, vyjde na povrch zlo, ktoré je v nich. Začnú žiarliť na tých, ktorí sú členmi cirkvi milovaní a tých, ktorí rastú v duchu a začnú o nich hovoriť zle. Ak nejaké dielo nezačali oni, nevložia do toho celé srdce a v týchto dielach sa snažia nájsť chybu.

Aj v týchto prípadoch, tí, ktorí majú ovocie duchovnej dobroty, príjmu týchto ľudí, ktorých zlo vychádza na povrch. Nesnaža sa rozlíšiť, kto má pravdu a kto nie, alebo dobro a zlo, a potom ich potlačiť. Pohnú ich srdcom a dotknú sa ich tým, že voči nim konajú v dobrote s pravdivým srdcom.

Niektorí ľudia ma prosia, aby som odhalil totožnosť tých ľudí, ktorí navštevujú kostol s postrannými úmyslami. Hovoria, že ak to urobím, členovia cirkvi nebudú podvádzaní a títo ľudia už viac neprídu do kostola. Áno, odhalenie ich totožnosti by mohlo očistiť cirkev, ale aké nepríjemné by to bolo pre ich rodinných príslušníkov alebo tých, ktorí ich do kostola priviedli? Ak z akýchkoľvek dôvodov vyradíme členov cirkvi, nezostane v kostole veľa ľudí. Je jednou z povinností cirkvi zmeniť aj zlých ľudí a viesť ich do nebeského kráľovstva.

Samozrejme, niektorí ľudia aj naďalej ukazujú rastúce zlo a padnú na cestu smrti, aj keď im prejavujeme dobrotu. Ale ani v týchto prípadoch nestanovíme hranicu našej vytrvalosti a nevzdáme to s nimi, ak prekročia túto hranicu. Je duchovná dobrota pokúsiť sa až do konca umožniť im hľadať duchovný život.

Pšenica a plevy vyzerajú podobne, ale plevy sú vo vnútri prázdne. Po zbere poľnohospodár zhromaždí pšenicu do stodoly a plevy spáli. Alebo ich použije ako hnojivo. Aj v cirkvi sú pšenica a plevy. Navonok môže každý vyzerať ako veriaci, ale je tam pšenica, ktorá počúva Božie slovo a sú tam plevy, ktoré nasledujú zlo.

Ale rovnako ako poľnohospodár čaká až do zberu, Boh lásky až do konca čaká na tých, ktorí sú ako plevy, že sa zmenia. Kým príde posledný deň, musíme dať šancu na spásu všetkým ľuďom a pozerať sa na všetkých očami viery, kultivovaním duchovnej dobroty v nás.

Sila nasledovať dobrotu v pravde

Môžete byť zmätení z toho, ako sa táto duchovná dobrota odlišuje od ostatných duchovných vlastností. Konkrétne, v podobenstve o milosrdnom Samaritánovi, jeho skutky môžu byť opísané ako charitatívne a milosrdné; a ak sa nehádame a nezvyšujeme hlas, potom musíme byť v pokoji a pokore. Sú všetky tieto veci zahrnuté do charakteru duchovnej dobroty?

Samozrejme, láska, charita srdca, milosrdenstvo, pokoj a pokora patria všetky k dobrote. Ako už bolo spomenuté predtým, dobrota je prirodzenosť Boha a je to veľmi široký pojem. Ale výrazným aspektom duchovnej dobroty je túžba nasledovať takú dobrotu a silu, že ju budeme skutočne dodržiavať. Dôraz nie je kladený na milosť mať súcit s ostatnými alebo skutky pomoci.

Dôraz je kladený na dobrotu, s ktorou Samaritán nemohol len tak prejsť okolo, keď mal preukázať milosrdenstvo. Taktiež, nehádať sa a nezvyšovať hlas je súčasťou pokory. Ale charakter duchovnej dobroty v týchto prípadoch je to, že nesmieme porušiť pokoj, pretože nasledujeme duchovnú dobrotu. Skôr než kričať a zviditeľnovať sa, chceme byť pokorní, pretože nasledujeme túto dobrotu.

Keď ste verní a prinášate ovocie dobroty, nebudete verní len v jednej veci, ale v celom Božom dome. Ak zanedbáte nejakú z vašich povinností, niekto môže kvôli tomu trpieť. Božie kráľovstvo nebude dosiahnuté tak, ako by malo. Takže, ak máte v sebe dobrotu, nebudete sa cítiť v týchto veciach pohodlne. Nebudete schopní ich jednoducho zanedbávať, preto sa budete snažiť byť verní v celom Jeho dome. Tento princíp môžete použiť na všetky ostatné vlastnosti ducha.

Tí, ktorí sú zlí, budú sa cítiť nepohodlne, ak nekonajú zlo. Do tej miery, do akej majú v sebe zlo, budú spokojní len po tom, ak do tej miery vydajú zlo. Pre tých, ktorí majú vo zvyku prerušovať ostatných v reči, nemôžu kontrolovať samých seba, ak nemôžu zasahovať do konverzácie druhých ľudí. Aj keď zrania city druhých alebo im spôsobujú ťažkosti, môžu byť v pokoji sami so sebou až potom, keď vykonajú to, čo chceli vykonať. Avšak, ak to majú stále na pamäti, a ďalej sa snažia odhodiť zlé návyky a postoje, ktoré nie sú v súlade s Božím slovom, budú schopní odhodiť väčšinu z nich. Ale ak sa nesnažia a iba to vzdajú, zostanú rovnakí aj po desiatich či dvadsiatich rokoch.

Ale ľudia dobroty sú iní. Ak nenasledujú dobrotu, budú mať viac nepríjemných pocitov, ako keď utrpia stratu a budú na to neustále myslieť. A tak, aj keď utrpia nejakú stratu, nechcú ublížiť ostatným. Aj keď je to pre nich nepohodlné, snažia sa dodržiavať pravidlá.

Takéto srdce môžeme vycítiť z toho, čo povedal Pavol. Mal vieru jesť mäso, ale ak by to mohlo spôsobiť komukoľvek inému, že sa potkne, nejedol by žiadne mäso po zvyšok jeho života. Rovnako, ak by to, z čoho sa ľudia dobroty tešia, mohlo spôsobiť akékoľvek nepohodlie ostatným ľuďom, radšej sa toho vzdajú a budú šťastnejší, ak sa toho pre dobro druhých môžu vzdať. Nedokážu vykonať nič, čo by priviedlo ostatných ľudí do rozpakov; a nikdy by neurobili niečo, čo by spôsobilo vzdychy Ducha Svätého v nich.

Rovnako, ak budete vo všetkom nasledovať dobrotu, znamená to, že prinášate ovocie duchovnej dobroty. Ak prinášate ovocie duchovnej dobroty, budete mať postoj Pána. Neurobíte nič, čo by mohlo spôsobit, že niekto zakopne. Budete mať dobrotu a pokoru aj navonok. Budete slušní, majúc podobu Pána, a vaše správanie a reč budú dokonalé. V očiach každého človeka budete krásni, vydávajúc vôňu Krista.

Mt 5, 15-16 hovorí: „*...ani lampu nezažnú a nepostavia pod mericu, ale na svietnik, aby svietila všetkým v dome. Nech tak svieti vaše svetlo pred ľuďmi, aby videli vaše dobré skutky a oslavovali vášho Otca, ktorý je v nebesiach!*" Aj 2 Kor 2, 15 hovorí: „*Lebo sme Kristovou vôňou, príjemnou Bohu uprostred tých, čo získavajú spásu aj medzi tými, čo hynú.*" Preto dúfam, že vo všetkom vzdáte slávu Bohu tým, že budete rýchlo prinášať ovocie duchovnej dobroty a vydávať svetu vôňu Krista.

Nm 12, 7-8

„S mojím služobníkom Mojžišom to tak nie je.

On je dôverníkom v celom mojom dome.

S ním sa zhováram zoči-voči, vo videní, nie v záhadách.

On smie zazrieť Pánovu podobu."

Kapitola 8

Vernosť

Byť uznaní pre našu vernosť
Vykonať viac ako to, čo je nám pridelené
Byť verný v pravde
Konať podľa vôle pána
Byť verný v celom Božom dome
Vernosť Božiemu kráľovstvu a spravodlivosti

Vernosť

Nejaký muž išiel na výlet do zahraničia. Kým bol preč, niekto sa musel postarať o jeho majetok, preto tou prácou poveril svojich troch sluhov. Každému z nich dal jeden talent, dva talenty a päť talentov podľa ich schopností. Sluha, ktorý dostal päť talentov, začal s nimi v mene pána obchodovať a získal ďalších päť talentov. Sluha, ktorý dostal dva talenty, tiež získal ďalšie dva talenty. Ale sluha s jedným talentom ho iba zahrabal do zeme a nemal žiadny zisk.

Pán pochválil sluhov, ktorí zarobili dva a päť ďalších talentov, odmenil ich a povedal: *"Správne, dobrý a verný sluha"* (Mt 25, 21). Ale sluhu, ktorý jeden talent iba zahrabal do zeme, pokarhal slovami: *"Zlý a lenivý sluha"* (v 26).

Boh nám dáva veľa povinností podľa našich talentov, aby sme mohli pre Neho pracovať. Až keď splníme povinnosti zo všetkých našich síl a v prospech Božieho kráľovstva, môžeme byť uznaní za „dobrého a verného sluhu."

Byť uznaní pre našu vernosť

Slovník definuje slovo „vernosť" ako „kvalitu neochvejnosti v náklonnosti alebo oddanosti, alebo pevnosť v dodržiavaní sľubov alebo plnení povinností." Dokonca aj svet vysoko oceňuje verných ľudí za to, že sú dôveryhodní.

Ale druh vernosti, ktorá je uznaná Bohom, je iná ako vernosť uznaná svetskými ľuďmi. Len úplné splnenie si povinnosti v skutku nemôže byť duchovná vernosť. Taktiež, ak vynaložíme všetko naše úsilie, a dokonca aj obetujeme naše životy na jednu konkrétnu oblasť, nie je to úplná vernosť. Ak si budeme plniť povinnosti manželky, matky alebo manžela, môže to byť nazvané vernosťou? Urobili sme len to, čo sme museli urobiť.

Tí, ktorí sú duchovne veriaci, sú pokladmi v Božom kráľovstve a vydávajú vôňu. Vydávajú vôňu nemenného srdca, vôňu neochvejnej poslušnosti. Dalo by sa to prirovnať k poslušnosti dobrej a pracovitej kravy a vôni dôveryhodného srdca. Ak sa nám podarí vydávať tieto druhy vôní, aj Pán povie, že sme veľmi krásni a chce nás objať. To bol Mojžišov prípad.

Synovia Izraela boli otrokmi v Egypte viac ako 400 rokov a Mojžišovou povinnosťou bolo doviesť ich do Kanaánskej zeme. Boh ho tak veľmi miloval, že s ním hovoril z tváre do tváre. Bol verný v celom Jeho dome a splnil všetko, čo mu Boh prikázal. Vôbec nebral do úvahy žiadne problémy, ktorým bude musieť čeliť. Bol verný vo všetkých oblastiach plnenia povinnosti vodcu Izraela a bol verný aj svojej rodine.

Jedného dňa prišiel k Mojžišovi jeho svokor Jetro. Mojžiš mu povedal o všetkých úžasných veciach, ktoré Boh urobil pre synov Izraela. Na druhý deň Jetro uvidel niečo divné. Ľudia sa skoro ráno postavili do radu, aby sa stretli s Mojžišom. Priniesli pred Mojžiša spory, ktoré nedokázali sami rozsúdiť. Jetro predniesol Mojžišovi jeho návrh.

Ex 18, 21-22 hovorí: *„Spomedzi všetkých ľudí si vyhliadni schopných, dôveryhodných mužov, ktorí nenávidia úplatok. Ustanov ich nad nimi za tisícnikov, stotníkov, päťdesiatnikov a desiatnikov. Oni nech súdia ľud v každom čase. Keď bude niečo zložitejšie, nech to prednesú tebe. Oni budú rozhodovať len o jednoduchších veciach. Uľahči si bremeno, nech ho nesú s tebou."*

Mojžiš si vypočul jeho slová. Uvedomil si, že jeho svokor mal pravdu a prijal jeho návrh. Mojžiš vybral schopných mužov, ktorí nenávideli lakomstvo a ustanovil ich nad ľuďmi za tisícnikov, stotníkov, päťdesiatnikov a desiatnikov. Stali sa sudcami bežných a jednoduchých ľudských záležitostí a Mojžiš rozsudzoval iba veľké spory.

Človek môže prinášať ovocie vernosti, keď si splní všetky povinnosti s dobrým srdcom. Mojžiš bol verný jeho rodinným príslušníkom a slúžil aj ľuďom. Vynaložil všetok svoj čas a úsilie, a z tohto dôvodu bol uznaný za človeka, ktorý je verný v celom Božom dome. Nm 12, 7-8 hovorí: „*S mojím služobníkom Mojžišom to tak nie je. On je dôverníkom v celom mojom dome. S ním sa zhováram zoči-voči, vo videní, nie v záhadách. On smie zazrieť Pánovu podobu. Prečo ste sa teda odvážili hovoriť proti môjmu služobníkovi Mojžišovi?*"

Čo je to za človeka, ktorý prináša ovocie vernosti a je uznaný Bohom?

Vykonať viac ako to, čo je nám pridelené

Ak sú zamestnanci za svoju prácu platení, nehovoríme, že sú verní, keď si len plnia svoje povinnosti. Môžeme povedať, že urobili svoju prácu, ale urobili len to, za čo mali zaplatené, takže nemôžeme povedať, že sú verní. Ale aj medzi platenými pracovníkmi existujú ľudia, ktorí robia viac, ako to, čo sú platení robiť. Nerobia to s nechuťou alebo s myšlienkou, že musia urobiť aspoň to, za čo sú platení. Spĺňajú si povinnosť celým srdcom, mysľou a dušou, bez šetrenia časom a peniazmi, majúc túžbu pochádzajúcu zo srdca.

Niektorí cirkevní pracovníci, ktorí pracujú na plný úväzok, urobia viac ako to, čo je im pridelené. Pracujú po skončení pracovnej doby alebo počas dovolenky, a keď nepracujú, neustále premýšľajú nad ich povinnosťou voči Bohu. Neustále premýšľajú nad spôsobmi, ako lepšie slúžiť cirkvi a jej členom tým, že robia viac ako len to, čo im bolo pridelené. Okrem toho, berú na seba povinnosti vodcov skupín, aby sa starali o duše. Týmto spôsobom je vernosťou urobiť oveľa viac ako to, čo je nám zverené.

Taktiež, pri preberaní zodpovednosti, tí, ktorí prinášajú ovocie vernosti, budú robiť viac, ako to, za čo sú zodpovední. Napríklad, Mojžiš obetoval vlastný život, keď sa modlil, aby zachránil synov Izraela, ktorí spáchali hriechy. Môžeme to vidieť z jeho modlitby v Ex 32, 31-32, kde je napísané: *„Mojžiš sa vrátil k Pánovi a povedal: Ach, tento ľud sa dopustil veľkého hriechu, urobil si zlatých bohov. Strpíš ešte ich hriech? Ak nie, tak ma vymaž zo svojej knihy, ktorú píšeš!"*

Keď si Mojžiš plnil túto povinnosť, nepočúval iba skutkom to, čo mu Boh prikázal urobiť. Nepomyslel si: „Zo všetkých síl som sa snažil doručiť im Božiu vôľu, ale neprijali ju. Už im viac nemôžem pomôcť." Mal Božie srdce a ľudí viedol so všetkou láskou a úsilím. To je dôvod, prečo mal pocit, keď sa ľudia prehrešili, ako keby bola jeho vina a chcel za ňu zobrať zodpovednosť.

Je to rovnaké aj s apoštolom Pavlom. Rim 9, 3 hovorí: *„Želal by som si totiž byť sám prekliaty a odlúčený od Krista pre mojich bratov, mojich príbuzných podľa tela."* Ale aj keď počujeme a vieme o Pavlovej a Mojžišovej vernosti, nemusí to nutne znamenať, že sme kultivovali vernosť. Dokonca aj tí, ktorí majú vieru a vykonávajú si povinnosti, povedali by niečo iné ako to, čo povedal Mojžiš, keby boli v rovnakej situácii, ako bol on. Konkrétne by mohli povedať: „Bože, snažil som sa zo všetkých síl. Cítim súcit voči týmto ľuďom, ale tiež som si veľa vytrpel, keď som ich viedol." V skutočnosti hovoria toto: „Som sebaistý, pretože som urobil všetko, čo som mal urobiť." Alebo sa môžu obávať, že budú pokarhaní spolu s ostatnými ľuďmi v dôsledku hriechov tých ľudí, aj keď oni sami neboli za ne zodpovední. Srdce takých ľudí je od vernosti veľmi vzdialené.

Samozrejme, že nie každý sa môže modliť: „Prosím Ťa, odpusť im hriechy alebo ma vymaž z knihy života." To iba znamená, že ak budeme prinášať ovocie vernosti v našom srdci, nemôžeme jednoducho povedať, že nie sme zodpovední za veci, ktoré sa neudiali tak, ako sa mali. Predtým, ako si pomyslíme, že sme sa našimi skutkami snažili zo všetkých síl, najprv by sme mali premýšľať nad tým, aké srdce sme mali, keď nám boli povinnosti prvýkrát pridelené.

Taktiež, budeme najprv uvažovať o Božej láske a milosrdenstve pre duše, a že Boh nechce, aby zahynuli, aj keď hovorí, že ich za hriechy potrestá. Aký druh modlitby by sme mali ponúknuť Bohu? Zrejme by sme z hĺbky srdca povedali: „Bože, je to moja chyba. Bol som to ja, kto ich mal viesť lepšie. Daj im kvôli mne ešte jednu šancu."

Je to rovnaké vo všetkých ostatných aspektoch. Tí, ktorí sú verní, nebudú len hovoriť: „Urobil som dosť," ale budú ešte viac pracovať celým svojím srdcom. V 2 Kor 12, 15 Pavol povedal: *„A ja veľmi rád vynaložím všetko, ba aj seba samého vydám za vaše duše. Ak vás ja tak veľmi milujem, mám byť menej milovaný?"* Konkrétne, Pavol nebol nútený starať sa o duše, ani to nerobil povrchne. Pri plnení jeho povinností bol naplnený veľkou radosťou, a to je dôvod, prečo povedal, že aj seba samého vydá za iné duše. Znova a znova sa ponúkal s úplnou oddanosťou za iné duše. Rovnako ako v prípade Pavla, je to pravá vernosť, ak si môžeme splniť povinnosť s pretekajúcou radosťou a láskou.

Byť verný v pravde

Predpokladajme, že niekto vstúpil do gangu a zasvätil svoj život šéfovi gangu. Povie Boh o takom človeku, že je verný? Samozrejme, že nie! Boh uznáva našu vernosť iba vtedy, keď sme verní v dobrote a pravde.

Keď kresťania vedú starostlivý život vo viere, je pravdepodobné, že im budú pridelené mnohé povinnosti. V niektorých prípadoch sa na začiatku snažia horlivo plniť povinnosti, ale v určitom okamihu to vzdajú. Mysľou môžu byť veľmi ďaleko v dôsledku rozširovania obchodnej činnosti, ktorú plánujú. Ich horlivosť pre povinnosť môžu stratiť v dôsledku problémov v živote alebo preto, že sa chcú vyhnúť prenasledovaniu ostatnými. Prečo sa ich myseľ takto mení? Je to preto, že zanedbali duchovnú vernosť pri ich práci pre Božie kráľovstvo.

Duchovná vernosť je obriezka srdca. Je to neustále obmývanie si sŕdc. Je to odhodenie všetkých druhov hriechov, neprávd, zla, nespravodlivosti, bezprávia a temnoty a posvätenia sa. Zjv 2, 10 hovorí: *„Buď verný až do smrti, a dám ti veniec života."* Byť verný až do smrti tu neznamená len to, že musíme tvrdo a verne pracovať až do našej fyzickej smrti. Ale znamená to aj to, že sa musíme celým svojím životom snažiť úplne dosiahnuť Božie slovo, ktoré je v Biblii.

Aby sme dosiahli duchovnú vernosť, musíme najprv bojovať proti hriechu až po preliatie krvi a zachovávať Božie prikázania. Hlavnou prioritou je odhodenie zloby, hriechu a nepravdy, ktoré Boh veľmi nenávidí. Ak pracujeme len fyzicky bez obriezky srdca, nehovoríme, že je to duchovná vernosť. Ako povedal Pavol, „každý deň umieram," musíme úplne usmrtiť naše telo a posvätiť sa. To je duchovná vernosť.

Čo Boh Otec od nás najviac chce, je svätosť. Musíme si to uvedomiť a urobiť všetko, čo je v našich silách a obrezať si srdce. Samozrejme, že to neznamená, že nemôžeme vykonávať žiadne povinnosti predtým, ako sa úplne posvätíme. Znamená to, že bez ohľadu na povinnosť, ktorú práve teraz vykonávame, musíme dosiahnuť svätosť pri plnení našich povinností.

Tí, ktorí si neustále obrezávajú srdce, nebudú mať zmeny postoja v ich vernosti. Nevzdajú sa ich drahocennej povinnosti len preto, že majú problémy v každodennom živote alebo nejaké neduhy srdca. Bohom dané povinnosti sú prísľubom medzi Bohom a nami a v žiadnych ťažkostiach nesmieme nikdy porušiť naše sľuby s Bohom.

Na druhej strane, čo sa stane, keď budeme zanedbávať obriezku našich sŕdc? Nebudeme schopní vyhnúť sa ochabnutiu srdca, keď sme konfrontovaní problémami a ťažkosťami. Môžeme opustiť vzťah dôvery s Bohom a vzdať sa našej povinnosti. Keď potom obnovíme Božiu milosť, budeme znova na chvíľu tvrdo pracovať a tento cyklus bude aj naďalej pokračovať. Tí ľudia, ktorí takto kolíšu, nemôžu byť uznaní za verných, aj keď svoju prácu vykonávajú dobre. Ak chceme mať vernosť uznanú Bohom, musíme mať aj duchovnú vernosť, čo znamená, že si musíme obrezať srdce. Ale obrezať si srdce samo o sebe nie je našou odmenou. Obriezka srdca je nutnosťou pre Božie deti, ktoré sú spasené. Ale ak odvrhneme hriechy a splníme si povinnosti s posväteným srdcom, môžeme prinášať oveľa viac ovocia, ako keď ich plníme telesnou mysľou. Preto dostaneme oveľa väčšie odmeny.

Predpokladajme, napríklad, že sa potíte pri celodennej dobrovoľníckej práci v nedeľu v kostole. Pohádate sa s mnohými ďalšími ľuďmi a s mnohými ľuďmi narušíte pokoj. Ak slúžite cirkvi, zatiaľ čo sa sťažujete a ste nahnevaní, vaše odmeny sa zmenšia. Ale ak budete slúžiť cirkvi s dobrotou a láskou v pokoji s ostatnými, všetka vaša práca bude vôňou prijateľnou Bohom a každý váš skutok sa stane vašou odmenou.

Konať podľa vôle pána

V kostole musíme pracovať podľa srdca a vôle Boha. Tiež musíme byť verní a poslúchať predstavených na základe cirkevnej hierarchie. Prís 25, 13 hovoria: *„Ako chladivý sneh v čase žatvy je spoľahlivý posol pre tých, čo ho posielajú, pretože občerství dušu svojich pánov."*

Aj keď sme v našej povinnosti veľmi usilovní, nemôžeme uhasiť túžbu pána, ak robíme iba to, čo chceme. Predpokladajme, napríklad, že vám váš šéf v práci povie zostať v kancelárii, pretože má prísť veľmi dôležitý zákazník. Ale musíte vybaviť nejaké obchodné záležitosti mimo kanceláriu a pôjdete to vybaviť, ale trvá to celý deň. Dokonca, aj keď ste v teréne kvôli vašej práci, v očiach šéfa nie ste verní.

Dôvodom, prečo nenasledujeme pánovu vôľu, je to, že buď nasledujeme vlastné myšlienky, alebo je to v dôsledku našich sebeckých motívov. Môže sa zdať, že takýto druh človeka slúži pánovi, ale v skutočnosti to nerobí s vernosťou. Nasleduje iba vlastné myšlienky a túžby a ukázal, že pánovu vôľu môže kedykoľvek opustiť.

V Biblii sa dočítame o človeku menom Joáb, ktorý bol príbuzným Dávida a generálom jeho armády. Joáb stál po Dávidom boku počas všetkých nebezpečenstiev v dobe, keď Dávida prenasledoval kráľ Šaul. Mal múdrosť a bol statočný. Zvládal starostlivosť o všetko, o čo ho Dávid požiadal. Keď napadol Amonitov a vzal im mesto, prakticky ho dobyl, ale nechal Dávida, aby ho prevzal on. Nevzal na seba slávu za dobytie mesta, ale prenechal ju Dávidovi.

Týmto spôsobom veľmi dobre slúžil Dávidovi, ale Dávid s ním nebol veľmi spokojný. Bolo to preto, že neuposlúchol Dávida, keď bola situácia pre neho výhodná. Joáb neváhal drzo konať pred Dávidom, keď chcel dosiahnuť svoj cieľ.

Napríklad, keď sa generál Abner, ktorý bol Dávidovým nepriateľom, prišiel pred Dávida vzdať. Dávid ho privítal a poslal ho späť. Bolo to preto, že Dávid mohol rýchlejšie stabilizovať ľudí tým, že ho prijal. Ale keď sa o tom neskôr Joáb dozvedel, prenasledoval Abnera a zabil ho. Bolo to preto, že v predchádzajúcej bitke Abner zabil Joábovho brata. Vedel, že Dávid by bol v zložitej situácii, ak by Abnera zabil, ale jednoducho nasledoval svoje pocity.

Taktiež, keď sa Dávidov syn Absolón vzbúril proti Dávidovi, Dávid vyzval vojakov, ktorí išli bojovať s Absolónovými mužmi, aby boli k jeho synovi zhovievaví. Aj keď Joáb počul tento príkaz, Absolóna zabil. Možno to bolo preto, že by sa Absolón mohol opäť vzbúriť, ak by ho nechali žiť, ale nakoniec, Joáb neuposlúchol kráľov rozkaz na základe vlastného uváženia.

Aj keď sprevádzal kráľa počas všetkých ťažkých časov, v rozhodujúcich okamihoch neuposlúchol kráľa a Dávid mu nemohol veriť. Nakoniec sa Joáb vzbúril proti kráľovi Šalamúnovi, Dávidovmu synovi, a bol usmrtený. Aj vtedy, namiesto uposlúchnutia Dávidovej vôle chcel dosadiť na trón človeka, o ktorom si myslel, že by mal byť kráľ. Celý život slúžil Dávidovi, ale namiesto toho, aby sa stal chválihodným služobníkom, svoj život skončil ako rebel.

Keď konáme Božie dielo, dôležitejším faktorom ako miera, do akej cieľavedome vykonávame prácu, je to, či nasledujeme Božiu vôľu. Je bezcenné byť verný, ak ideme proti Božej vôli. Keď pracujeme v kostole, tiež by sme mali nasledovať myšlienky predstavených prv, ako budeme nasledovať vlastné myšlienky. Týmto spôsobom nepriateľ diabol a satan nemôžu vzniesť žiadne obvinenia, a nakoniec budeme môcť všetci vzdať slávu Bohu.

Byť verný v celom Božom dome

„Byť verný v celom Božom dome" znamená byť verní vo všetkých aspektoch súvisiacich s nami. V kostole musíme splniť všetky naše povinnosti, aj keď tých povinností máme veľa. Aj keď nemáme v kostole konkrétnu povinnosť, je jednou z našich povinností byť prítomní, kde by sme ako člen mali byť prítomní. Nielen v kostole, ale aj v práci a v škole má každý svoje povinnosti. Vo všetkých týchto aspektoch musíme plniť naše povinnosti ako členovia. Byť verný v celom Božom dome znamená splniť si všetky povinnosti vo všetkých smeroch nášho života: ako Božie deti, ako predstavitelia alebo členovia cirkvi, ako členovia rodiny, ako zamestnanci firmy alebo ako študenti, či učitelia školy. Nemali by sme byť verní len v jednej alebo dvoch povinnostiach a zanedbávať ostatné povinnosti. Musíme byť verní vo všetkých aspektoch.

Človek by si mohol pomyslieť: „Mám len jedno telo, ako môžem byť verný vo všetkých oblastiach?" Ale do tej miery, do akej sa zmeníme v ducha, byť verní v celom Božom dome nebude pre nás ťažké. Aj keď do toho investujeme len trochu času, určite budeme zbierať ovocie, ak sme zasiali v duchu.

Taktiež, tí, ktorí sa zmenili v ducha, nehľadajú vlastný prospech a pohodlie, ale premýšľajú nad prospechom pre druhých. Ako prvé sa na všetko pozerajú z pohľadu druhých. Preto si takí ľudia splnia všetky povinnosti, aj keby museli obetovať samých seba. Zároveň, do tej miery, do ktorej dosiahneme úroveň ducha, bude naše srdce naplnené dobrotou. A ak sme dobrí, nebudeme sa nakláňať len na jednu konkrétnu stranu. A preto, aj keď máme veľa povinností, nebudeme zanedbávať žiadnu z týchto povinností.

Urobíme všetko, čo bude v našich silách, aby sme sa mohli postarať o celé naše okolie, snažiac sa trochu viac starať o ostatných. Potom budú ľudia okolo nás cítiť pravdivosť nášho srdca. A tak nebudú sklamaní z toho, že nemôžeme byť s nimi neustále, ale skôr budú vďační, že sa o nich staráme.

Predpokladajme, napríklad, že jeden človek má dve povinnosti, je vodcom jednej zo skupín a členom druhej. Ak má dobrotu a prináša ovocie vernosti, nebude zanedbávať ani jednu z nich. Nepovie len: „Členovia druhej skupiny ma pochopia, že nie som s nimi, pretože som vodcom inej skupiny." Ak nemôže byť fyzicky s druhou skupinou, bude sa snažiť byť nejakou pomocou tejto skupine inými spôsobmi a v srdci. A rovnako, môžeme byť verní v celom Božom dome a mať pokoj s každým do tej miery, do akej máme dobrotu.

Vernosť Božiemu kráľovstvu a spravodlivosti

Jozef bol predaný ako otrok do domu Putifara, kapitána kráľovskej telesnej stráže. Ale Jozef bol taký verný a dôveryhodný, že Putifar prenechal všetky práce v dome tomuto mladému otrokovi a nestaral sa o to, čo robil. Bolo to preto, že Jozef sa staral aj o maličkosti najlepšie, ako vedel, pretože mal srdce pána.

Božie kráľovstvo tiež potrebuje v mnohých oblastiach mnoho takých verných pracovníkov, ako bol Jozef. Ak máte určitú povinnosť a splníte ju tak verne, že váš nadriadený na to nemusí vôbec dohliadať, akou veľkou pomocou budete pre Božie kráľovstvo!

Lk 16, 10 hovorí: *„Kto je verný v malom, je verný aj vo veľkom, a kto je nespravodlivý v malom, je nespravodlivý aj vo veľkom."* Aj keď Jozef slúžil fyzickému pánovi, pracoval verne s jeho vierou v Boha. Boh to nepovažoval za bezvýznamné, ale urobil Jozefa ministerským predsedom Egypta.

Nikdy som nebol pokojný ohľadne Božích diel. Dokonca aj pred otvorením kostola som neustále ponúkal celonočné modlitby, ale po otvorení kostola som sa modlil od polnoci do štvrtej hodiny ráno a od piatej hodiny ráno som viedol ranné modlitebné stretnutie. V tej dobe sme nemali Danielove modlitebné stretnutia, ktoré máme dnes, ktoré sa začínajú o deviatej hodine. Nemali sme žiadnych iných pastorov alebo vodcov skupín, takže som sám musel viesť všetky ranné modlitebné stretnutia. Ale nikdy som nevynechal ani jeden deň.

Okrem toho, počas štúdia v teologickom seminári som musel pripravovať kázne na nedeľné bohoslužby, na bohoslužby v stredu a na piatkové celonočné bohoslužby. Nikdy som sa nesnažil mojich povinností zbaviť alebo ich hodiť na ostatných len preto, že som bol unavený. Keď som sa vrátil zo seminára, začal som sa starať o chorých ľudí alebo navštevoval som členov kostola. Bolo tam mnoho chorých ľudí, ktorí sa zišli zo všetkých kútov krajiny. Do každej návštevy cirkevného člena som vložil celé srdce, aby som im duchovne slúžil.

V tej dobe museli niektorí študenti vziať dva či tri autobusy, kým sa dostali do kostola. Dnes máme autobusy v kostole, ale v tej dobe sme nemali. A tak som chcel, aby študenti boli schopní prísť do kostola bez starostí o cestovné náklady. Po bohoslužbe som nasledoval študentov až po autobusovú zastávku a pri rozlúčke som im dal autobusové žetóny alebo lístky. Dal som im dosť autobusových žetónov na to, aby mali dostatok na cestu do kostola aj nabudúce. Výška milodarov pre kostol bola len niekoľko desiatok dolárov, preto sa o to nemohol postarať kostol. Dal som im na cestovné z vlastných úspor.

Po registrácii nových ľudí som každého z nich považoval za vzácny poklad, a tak som sa za nich modlil a slúžil im s láskou, aby som nestratil žiadneho z nich. Z tohto dôvodu v tej dobe neodišiel nikto z ľudí, ktorí sa v kostole zaregistrovali. Kostol sa prirodzene začal rozrastať. Keď má kostol teraz veľa členov, znamená to, že moja vernosť ochladla? Samozrejme, že nie! Moja horlivosť pre duše nikdy nevychladla.

Teraz máme viac ako 10 000 filiálok po celom svete, rovnako ako mnoho pastorov, predstavených, starších diakoniek a vodcov okresov, úsekov a skupín. A aj napriek tomu, sú moje modlitby a láska k dušiam ešte horlivejšie.

Stalo sa vám, že vaša vernosť k Bohu ochladla? Je medzi vami niekto, kto mával Bohom dané povinnosti, ale teraz už nemá žiadne povinnosti? Ak máte dnes rovnakú povinnosť ako v minulosti, neochladla vaša horlivosť pre povinnosť? Ak máme pravú vieru, naša vernosť len vzrastie spolu s naším dozrievaním vo viere a budeme verní Pánovi v dosahovaní Božieho kráľovstva a záchrany mnohých duší. A tak neskôr v nebi dostaneme mnoho vzácnych odmien!

Ak by Boh chcel vernosť iba v skutkoch, nemusel stvoriť ľudstvo, pretože je nespočetné množstvo nebeských zástupov a anjelov, ktorí Ho vo všetkom poslúchajú. Ale Boh nechcel niekoho, kto poslúcha bezpodmienečne ako robot. Chcel deti, ktoré by boli verné ich láskou k Bohu, vychádzajúcou z hĺbky ich sŕdc.

Ž 101, 6 hovorí: „*Zrak upieram na verných v krajine, aby*

bývali so mnou. Kto chodí bezúhonne, ten mi bude slúžiť." Tí, ktorí odvrhli všetky formy zla a stali sa vernými v celom Božom dome, dostanú požehnanie vstúpiť do Nového Jeruzalema, ktorý je najkrajším príbytkom v nebi. Preto dúfam, že sa stanete pracovníkmi, ktorí sú ako piliere Božieho kráľovstva a budete sa tešiť z cti prebývať v blízkosti Božieho trónu.

Mt 11, 29

„Vezmite na seba moje jarmo a učte sa odo mňa,

lebo som tichý a pokorný srdcom,

a nájdete odpočinutie pre svoje duše."

Proti takýmto veciam nie je zákon

Kapitola 9

Miernosť

Miernosť prijať mnohých ľudí
Duchovná miernosť je sprevádzaná štedrosťou
Vlastnosti tých, ktorí prinášajú ovocie miernosti
Prinášať ovocie miernosti
Kultivovať dobrú pôdu
Požehnania pre miernych

Miernosť

Prekvapivo veľa ľudí sa obáva o výbušnosť, depresiu alebo vlastnosti, ktoré sú extrémne introvertné alebo príliš extrovertné. Niektorí ľudia jednoducho všetko pripisujú ich vlastnostiam, keď sa veci nedejú, ako chcú, hovoriac: „Nemôžem si pomôcť, je to moja vlastnosť." Ale ľudí stvoril Boh a pre Boha nie je ťažké Jeho mocou zmeniť vlastnosti ľudí.

Mojžiš kedysi v dôsledku hnevu zabil iného človeka, ale Božou mocou bol zmenený do tej miery, že bol Bohom uznaný za najpokornejšieho a najmiernejšieho človeka na povrchu zeme. Apoštol Ján mal prezývku „syn hromu", ale Božou mocou bol zmenený a bol uznaný na „mierneho apoštola."

Ak sú ľudia ochotní odhodiť zlo a zorať si pole srdca, dokonca aj tí, ktorí sú výbušní, tí, ktorí sa chvália a tí, ktorí sú sebeckí, môžu sa zmeniť a kultivovať vlastnosti miernosti.

Miernosť prijať mnohých ľudí

V slovníku je miernosť vlastnosťou alebo stavom byť mierny, jemný, nežný alebo umiernený. Tí, ktorí sú plachí alebo majú „nesmelé nesociálne" vlastnosti, alebo tí, ktorí sa nedokážu veľmi dobre vyjadrovať, môžu sa zdať byť mierni. Tí, ktorí sú naivní alebo tí, ktorí sa vôbec nenahnevajú v dôsledku ich nízkej intelektuálnej úrovne, v očiach svetských ľudí sa môžu javiť ako mierni.

Ale duchovná miernosť nie je len umierenosť a jemná nežnosť. Je to mať múdrosť a schopnosť rozlišovať medzi dobrom a zlom, a zároveň byť schopní pochopiť a prijať každého, pretože v nás nie je žiadne zlo. Konkrétne duchovná miernosť znamená mať štedrosť spojenú s umierneným a jemným charakterom. Ak máte túto cnostnú štedrosť, nebudete neustále iba umiernení, ale budete mať aj prísnu dôstojnosť, ak je to nutné.

Srdce mierneho človeka je mäkké ako bavlna. Ak hodíte na bavlnu kameň alebo do nej pichnete ihlou, bavlna len objekt obalí a prijme ho. Podobne, bez ohľadu na to, ako sa k nim ostatní ľudia správajú, tí, ktorí sú duchovne mierni, nebudú mať voči nim v srdciach zlé pocity. Konkrétne to znamená, že sa nenahnevajú ani nemajú nepríjemné pocity, a nespôsobujú nepríjemnosti ani ostatným ľuďom.

Nesúdia a neodsudzujú, ale majú pochopenie a všetkých prijímajú. Ľudia sa budú pri nich cítiť pokojne a mnohí ľudia budú schopní nájsť odpočinutie pri tých, ktorí sú mierni. Je to ako veľký strom s mnohými vetvami, na ktorý prilietajú vtáky, hniezdia a odpočívajú v jeho vetvách.

Mojžiš je jedným z ľudí, ktorí boli Bohom uznaní pre ich miernosť. Nm 12, 3 hovorí: *„Mojžiš bol veľmi pokorný človek, najpokornejší, aký kedy na zemi žil."* V čase exodusu bol počet synov Izraela viac ako 600 000 dospelých mužov. Ak by sme prirátali ženy a deti, bolo by ich viac ako dva milióny. Viesť také obrovské množstvo ľudí by bolo pre bežného človeka veľmi náročné.

Bolo to obzvlášť náročné pre takých ľudí, ktorých srdce bolo zatvrdené v dôsledku ich otroctva v Egypte. Ak ste boli pravidelne bití, počúvali skazené a hanlivé slová, a vykonávali namáhavú prácu otrokov, vaše srdce by sa stalo drsným a zatvrdeným. V tomto stave nebolo jednoduché vryť do ich sŕdc akúkoľvek milosť, alebo aby dokázali zo srdca milovať Boha. To je dôvod, prečo títo ľudia zakaždým neuposlúchli Boha, aj napriek tomu, že im Mojžiš ukázal takú veľkú moc.

Pri konfrontácii s čo i len malým množstvom ťažkostí v ich situácii, čoskoro sa začali sťažovať a postavili sa proti Mojžišovi. Už len tým, že Mojžiš 40 rokov viedol takýchto ľudí v púšti, môžeme pochopiť, aký duchovne mierny bol Mojžiš. Toto Mojžišove srdce je duchovná miernosť, ktorá je jedným z ovocí Ducha Svätého.

Duchovná miernosť je sprevádzaná štedrosťou

Ale existuje niekto, kto by si pomyslel niečo takéto: „Nikdy sa nenahnevám a myslím si, že som miernejší ako ostatní, ale v skutočnosti nedostávam odpovede na moje modlitby, ani veľmi dobre nepočujem hlas Ducha Svätého." Potom by ste mali skontrolovať, či je vaša miernosť len telesnou miernosťou. Ľudia môžu povedať, že ste mierni, ak sa javíte byť umiernení a pokojní, ale je to len telesná miernosť.

Čo Boh chce, je duchovná miernosť. Duchovná miernosť nie je len byť mierni a umiernení, ale musí byť sprevádzaná cnostnou štedrosťou. Spolu s pokorou v srdci by ste mali mať aj dokonalú cnostnú štedrosť viditeľnú navonok, aby ste úplne kultivovali duchovnú miernosť. Je to takmer rovnaké, ako človek s výbornou povahou, ktorý má na sebe oblek zodpovedajúci jeho povahe. Aj keď má človek dobrú povahu, ak bude chodiť nahý bez odevu, jeho nahota mu bude na hanbu. A rovnako, miernosť bez cnostnej štedrosti nie je úplná.

Cnostná štedrosť je ako oblečenie, ktoré spôsobí vyniknutie

miernosti, ale odlišuje sa od pokryteckých skutkov. Ak v srdci nemáte svätosť, nemožno o vás povedať, že máte cnostnú štedrosť len preto, že máte dobré vonkajšie skutky. Ak máte sklon k uskutočňovaniu potrebných skutkov namiesto kultivácie srdca, pravdepodobne si prestanete uvedomovať vaše nedostatky a mylne sa budete domnievať, že ste duchovne vyrástli do veľkej miery. Ale ani na tomto svete si ľudia, ktorí majú len vonkajší vzhľad bez dobrých vlastností, nezískajú srdce druhých. A aj vo viere je sústredenie sa na vonkajšie skutky bez kultivovania vnútornej krásy zbytočné.

Napríklad, niektorí ľudia konajú spravodlivo, ale súdia ostatných a pozerajú sa na nich povýšenecky, ak sa nesprávajú ako oni. Môžu tiež trvať na vlastných normách pri jednaní s ostatnými, mysliac si: „Toto je správna cesta, tak prečo to jednoducho neurobia takto?" Keď dávajú radu, môžu hovoriť pekné slová, ale v srdciach súdia ostatných a hovoria na základe ich vlastnej spravodlivosti a zlých pocitov. Ľudia nemôžu nájsť pri takýchto ľuďoch odpočinok. Budú sa cítiť zranení a odradení, a tak nebudú chcieť zostávať v blízkosti týchto ľudí.

Niektorí ľudia sa tiež nahnevajú a sú podráždení v ich vlastnej spravodlivosti a zlobe. Ale hovoria, že je to len „spravodlivé rozhorčenie" a je to pre dobro druhých. Ale tí, ktorí majú cnostnú štedrosť, v žiadnej situácii nestratia pokoj mysle.

Ak skutočne chcete úplne prinášať ovocie Ducha Svätého, nemôžete vaše zlo v srdci len zakryť vonkajšími skutkami. Ak to urobíte, potom je to len predstavenie pre ostatných ľudí. Musíte sa znova a znova vo všetkom pozerať do seba a zvoliť si cestu dobroty.

Vlastnosti tých,
ktorí prinášajú ovocie miernosti

Keď ľudia vidia tých, ktorí sú mierni a majú široké srdce, hovoria, že srdcia týchto ľudí sú ako oceán. Oceán prijíma všetku znečistenú vodu z potokov a riek a čistí ich. Ak budeme kultivovať široké a mierne srdce ako oceán, môžeme viesť aj hriechom ušpinené duše na cestu spásy. Ak budeme mať vonkajšiu štedrosť spolu s miernosťou vo vnútri, môžeme získať srdcia mnohých ľudí a dokázať veľa úžasných vecí. Uvediem zopár príkladov vlastností tých, ktorí prinášajú ovocie miernosti.

Po prvé, sú dôstojní a rozvážní v ich skutkoch.

Tí, ktorí sa javia byť mierni povahou, ale v skutočnosti sú nerozhodní, nedokážu prijať ostatných. Ostatní ľudia sa na nich budú pozerať povýšenecky a budú ich využívať. V minulosti mali niektorí králi miernu povahu, ale nemali cnostnú štedrosť, a tak krajina nebola stabilná. V neskoršej histórii ho ľudia neoznačia za mierneho človeka, ale za neschopného a nerozhodného.

Na druhej strane, niektorí králi mali srdečné a umiernené vlastnosti spolu s múdrosťou sprevádzanou dôstojnosťou. Za vlády takých kráľov bola krajina stabilná a ľudia mali pokoj. A rovnako, tí, ktorí majú miernosť aj cnostnú štedrosť, majú správny štandard úsudku. Správnym rozlišovaním medzi dobrom a zlom robia to, čo je spravodlivé.

Keď Ježiš očistil chrám a pokarhal pokrytectvo farizejov a zákonníkov, bol veľmi silný a prísny. Mal mierne srdce, a tak

„nalomenú trstinu nedolomil alebo tlejúci knôt neuhasil," ale ľudí kruto napomínal, keď si to situácia vyžadovala. Ak máte takú dôstojnosť a spravodlivosť v srdci, ľudia sa na vás nebudú pozerať povýšenecky, ani keď nikdy nezvyšujete hlas alebo sa nesnažíte byť prísni.

Vonkajší vzhľad tiež súvisí s tým, či človek má správanie Pána a dokonalé skutky tela. Tí, ktorí sú cnostní, majú dôstojnosť, autoritu a dôležitosť v ich slovách; nevyslovujú ľahkomyseľne nezmyselné slová. Na každú príležitosť sa vhodne oblečú. Majú umiernené výrazy tváre, ale nie príkre alebo odmerané tváre.

Predpokladajme, napríklad, že človek má neupravené vlasy a nedbalé oblečenie a jeho správanie je nedôstojné. Predpokladajme tiež, že rád žartuje a hovorí o nezmyselných veciach. Pre takého človeka bude pravdepodobne veľmi ťažké získať si dôveru a rešpekt ostatných ľudí. Ostatní ľudia by nechceli byť ním prijatí a objatí.

Ak by Ježiš neustále žartoval, jeho učeníci by sa snažili žartovať s Ním. A tak, ak by ich Ježiš učil niečo zložité, okamžite by sa hádali alebo trvali na vlastných názorov. Ale neodvážili sa to urobiť. Dokonca ani tí, ktorí sa prišli s Ním hádať, nedokázali sa v dôsledku Jeho dôstojnosti s Ním skutočne hádať. Ježišove slová a skutky mali vždy dôležitosť a dôstojnosť, aby Ho ľudia nemohli brať na ľahkú váhu.

Samozrejme, niekedy môže nadriadený v hierarchii povedať podriadeným vtip na zlepšenie nálady. Ale v prípade, že podriadení spolu žartujú nevychovaným spôsobom, znamená to, že nemajú správne chápanie. Ale v prípade, že nadriadení nie sú bezúhonní a navonok sú roztržití, nemôžu si získať dôveru ostatných. Obzvlášť vysoko postavení vedúci pracovníci vo firme musia mať bezúhonný postoj, spôsob reči a správanie. Nadriadený vo firme môže s podriadenými hovoriť zdvorilostne a jednať s rešpektom, ale niekedy, keď jeden z jeho podriadených vykazuje nadmerný rešpekt, jeho nadriadený môže hovoriť bežným spôsobom, nie zdvorilostným spôsobom, aby vyviedol podriadeného z rozpakov. Ak v tejto situácii nebude príliš zdvorilý, môže to pomôcť podriadenému človeku nebyť v rozpakoch a on môže ľahšie otvoriť svoje srdce týmto spôsobom. Ale len preto, že sa nadriadený snaží, aby podriadení neboli v rozpakoch, ľudia na nižších pozíciách by sa nemali na nadriadených pozerať povýšenecky, hádať sa s nimi alebo ich neposlúchať.

Rim 15, 2 hovorí: *„Nech sa každý z nás páči blížnemu na jeho dobro a na budovanie."* Flp 4, 8 hovorí: *„Napokon, bratia, upriamte svoju myseľ na všetko, čo je pravdivé, čestné, spravodlivé, čisté, láskyhodné a úctyhodné, to, čo je cnostné a chválihodné."* A rovnako, tí, ktorí sú cnostní a štedrí, budú všetko konať v bezúhonnosti, a tiež budú brať ohľad na to, aby sa ľudia cítili pohodlne.

Po ďalšie, mierni preukazujú skutky milosrdenstva a súcitu so širokým srdcom.

Mierni pomáhajú nielen tým ľuďom, ktorí sú vo finančnej núdzi, ale aj takým, ktorí sú duchovne unavení a slabí, a to tým, že ich utešujú a preukazujú im milosť. Ale aj keď majú v sebe miernosť, v prípade, že miernosť zostáva len v ich srdci, je pre nich ťažké vydávať vôňu Krista.

Predpokladajme, napríklad, že je tu veriaca, ktorá je prenasledovaná pre jej vieru. Ak sa to dozvedia cirkevní predstavitelia v jej okolí, pocítia voči nej súcit a budú sa za ňu modliť. Toto sú predstavitelia, ktorí cítia súcit iba v srdci. Na druhej strane, niektorí iní predstavitelia ju osobne povzbudia, utešia ju a pomôžu jej aj v skutkoch a konajú v závislosti od situácie. Dodávajú jej silu, aby jej pomohli všetko prekonať s vierou.

Preto, len byť pozorný v srdci a ukázať skutočné skutky, bude veľmi odlišné pre človeka, ktorý čelí problému. Keď sa miernosť prejaví navonok ako skutky štedrosti, môže dať milosť a život druhým. Preto, keď Biblia hovorí, že *„mierni budú dedičmi zeme"* (Mt 5, 5), má to úzky vzťah s vernosťou, ktorá je výsledkom cnostnej štedrosti. Stať sa dedičom zeme súvisí s nebeským odmenami. Dostávanie nebeských odmien je zvyčajne vo vzťahu s vernosťou. Keď od cirkvi dostanete plaketu ocenenia, cenu cti alebo cenu za evanjelizáciu, je to výsledok vašej vernosti.

Mierni získajú požehnanie, ale to nepochádza iba zo samotného mierneho srdca. Keď je mierne srdce vyjadrené v cnostných a štedrých skutkoch, budú prinášať ovocie vernosti. A v dôsledku toho, potom dostanú odmeny. Menovite, keď prijmete a objímete mnoho duší so štedrosťou, upokojíte ich, povzbudíte ich a dáte im život, prostredníctvom takých skutkov budete dedičmi zeme v nebi.

Prinášať ovocie miernosti

Ako teda môžeme prinášať ovocie miernosti? Všeobecne povedané, mali by sme kultivovať naše srdce na dobrú pôdu.

„Hovoril im veľa v podobenstvách: ‚Hľa, rozsievač

vyšiel siať. Keď sial, niektoré zrná padli na kraj cesty. Prileteli vtáky a pozobali ich. Druhé padli na skalnatú pôdu, kde nemali dostatok zeme. Tie vzišli rýchlo, lebo neboli hlboko v zemi, no potom, keď vyšlo slnko, obilie zahorelo, a pretože nemalo koreň, vyschlo. Iné zrná padli do tŕnia, ale tŕnie vyrástlo a udusilo ich. Niektoré zrná padli do dobrej pôdy a priniesli úrodu: jedny stonásobnú, druhé šesťdesiatnásobnú a ďalšie tridsaťnásobnú'" (Mt 13, 3-8).

V Mt 13 je naše srdce prirovnávané k štyrom rôznym druhom pôdy. Môže byť rozdelené na kraj cesty, skalnatú pôdu, tŕne a dobrú pôdu.

Pôda srdca, ktoré je prirovnávané k ceste, musí byť zbavená vlastnej spravodlivosti a rámcov myslenia.

Po ceste chodia ľudia a je stvrdnutá, a tak v nej semená nemôžu byť zasiate. Semená sa na ceste nedokážu zakoreniť a vyzobú ich vtáky. Tí, ktorí majú také srdce, majú tvrdohlavú myseľ. Neotvárajú svoje srdce pravde, a preto sa nemôžu stretnúť s Bohom ani mať vieru.

Ich vlastné vedomosti a hodnotové systémy sú tak veľmi utvrdené, že nedokážu prijať Božie slovo. Sú pevne presvedčení, že majú pravdu. Na to, aby dokázali zlomiť vlastnú spravodlivosť a rámce myslenia, musia najprv zničiť zlo v ich srdci. Je ťažké zlomiť vlastnú spravodlivosť a rámce myslenia, ak si človek udržiava pýchu, aroganciu, tvrdohlavosť a nepravdy. Také zlo spôsobí, že človek bude mať telesné myšlienky, ktoré mu bránia veriť v Božie slovo.

Napríklad, tí, ktorí si v mysliach hromadia nepravdu, nemôžu prestať pochybovať, aj keď iní hovoria pravdu. Rim 8, 7 hovorí: *„Zmýšľanie tela je nepriateľstvom voči Bohu – nepodrobuje sa totiž Božiemu zákonu; veď sa ani nemôže."* Ako je napísané, nedokážu odpovedať „Amen" na Božie Slovo ani podľa neho konať.

Niektorí ľudia sú na začiatku veľmi tvrdohlaví, ale akonáhle dostanú milosť a ich myšlienky sa zmenia, stanú sa veľmi horlivými vo viere. To je prípad, kedy majú zatvrdenú vonkajšiu myseľ, ale nežné a mierne vnútorné srdce. Ale ľudia so srdcom ako kraj cesty sa líšia od týchto ľudí. V ich prípade je zatvrdené aj vnútorné srdce. Srdce, ktoré je zatvrdené navonok, ale mierne vo vnútri, môže byť prirovnané k tenkej vrstve ľadu, zatiaľ čo kraj cesty môžeme prirovnať ku kaluži vody, ktorá je zmrznutá až ku dnu.

Vzhľadom k tomu, že srdce ako kraj cesty bolo dlhú dobu zatvrdzované nepravdou a zlom, nie je ľahké ho rýchlo zlomiť. Človek ho musí lámať znova a znova, aby ho kultivoval. Kedykoľvek je Božie slovo v rozpore s ich myšlienkami, musia sa zamyslieť nad tým, či sú ich myšlienky skutočne správne. Taktiež si musia hromadiť skutky dobra, aby im Boh dal milosť.

Niekedy ma prídu ľudia prosiť o modlitbu za to, aby mali vieru. Samozrejme, že je to škoda, že nemôžu mať vieru ani potom, čo boli svedkami Božej moci a veľakrát počuli Božie slovo, ale je to stále oveľa lepšie, ako sa vôbec nesnažiť. V prípade sŕdc ako kraj cesty sa musia za nich modliť ich rodinní príslušníci a cirkevní predstavitelia a viesť ich, ale je dôležité, aby sa aj oni sami snažili. Potom, v určitom okamihu v čase, začne v ich srdciach klíčiť semeno Slova.

Srdce prirovnávané k skalnatej pôde, musí odhodiť lásku k svetu.

Ak zasejete semená do skalnatej pôdy, vyklíčia, ale kvôli skalám nebudú dobre rásť. A rovnako, tí, ktorí majú srdce ako skalnatú pôdu, čoskoro padnú, keď budú čeliť skúškam, prenasledovaniu alebo pokušeniam.
Keď dostanú Božiu milosť, majú pocit, že skutočne chcú skúsiť žiť podľa Božieho slova. Dokonca môžu zažiť aj ohnivé diela Ducha Svätého. To znamená, že semeno Slova padlo do ich srdca a vyklíčilo. Avšak, aj po obdržaní tejto milosti majú protichodné myšlienky, keď sa nasledujúcu nedeľu chystajú ísť do kostola. Určite zažili Ducha Svätého, ale začnú pochybovať, že to bol akýsi okamih citového vzrušenia. Majú myšlienky, za základe ktorých pochybujú a znova zatvoria dvere ich srdca.
Pre ostatných môže byť konfliktom to, že sa nedokážu vzdať svojich koníčkov alebo iných druhov zábavy, sú zvyknutí si užívať a nedodržiavajú Pánov deň svätý. Ak sú prenasledovaní rodinnými príslušníkmi alebo šéfmi v práci, keď vedú Duchom naplnený život vo viere, prestanú chodiť do kostola. Veľmi vďačne prijímajú milosť a v určitom bode sa zdá, že vedú vášnivý život vo viere, ale v prípade, že majú problém s ostatnými veriacimi v kostole, môžu sa uraziť, a čoskoro kostol opustiť.

Čo teda spôsobuje, že semeno Slova nezapustí korene? Je to v dôsledku „skál", ktoré sa nachádzajú v srdci. Telo srdca je symbolicky reprezentované „skalami a sú to práve tieto nepravdy, ktoré im bránia v poslušnosti Slovu. Spomedzi mnohých nepravdivých vecí sú tieto také ťažké, že zabránia semenu Slova zapustiť korene. Presnejšie povedané, je to telo srdca, ktoré miluje tento svet.

Ak ľudia milujú nejakú formu svetskej zábavy, je pre nich ťažké dodržiavať Slovo, ktoré hovorí: „Dodržiavajte Pánov deň svätý." Taktiež, tí, ktorí majú v srdci skalu chamtivosti, nechodia do kostola, pretože nenávidia dávať desiatky a obety Bohu. Niektorí ľudia majú v srdci skaly nenávisti, a tak slovo lásky nemôže zapustiť korene.

Medzi tými, ktorí pravidelne chodia do kostola, sú ľudia, ktorí majú srdce ako skalnatú pôdu. Napríklad, aj keď sa narodili a vyrastali v kresťanskej rodine a od detstva sa učili Slovo, nežijú podľa Slova. Zažili Ducha Svätého a niekedy tiež dostali milosť, ale neodhodili lásku k svetu. Keď počúvajú Božie slovo, pomyslia si, že by nemali žiť tak, ako teraz žijú, ale keď sa vrátia domov, vrátia sa znova do sveta. Svoje životy žijú sediac na dvoch stoličkách, s jednou nohou na strane Boha a druhou na strane sveta. V dôsledku Slova, ktoré počuli, neopustia Boha, ale napriek tomu majú v srdci mnoho skál, ktoré bránia tomu, aby Božie slovo zapustilo korene.

Taktiež, niektoré skalnaté polia sú len čiastočne skalnaté. Napríklad, niektorí ľudia sú veriacimi s nemennou mysľou. Zároveň prinášajú nejaké ovocie. Ale v srdci majú nenávisť a vo všetkom majú s ostatnými konflikty. Tiež súdia a odsudzujú, a tak na každom mieste ničia pokoj. Z tohto dôvodu ani po mnohých rokoch neprinášajú ovocie lásky alebo ovocie miernosti. Iní majú mierne a dobré srdce. Sú ohľaduplní a chápu druhých, ale nie sú verní. Ľahko zlomia sľuby a sú nezodpovední v mnohých ohľadoch. Preto musia zlepšiť ich nedostatky, aby mohli zorať pole ich srdca na dobrú pôdu.

Čo musíme urobiť na zoranie skalnatej pôdy?

Po prvé, musíme usilovne nasledovať Slovo. Nejaký veriaci sa snažil plniť jeho povinnosti v poslušnosti k Božiemu slovu, ktoré nám hovorí byť verný. Ale nie je to také jednoduché, ako si myslel. Keď bol len laickým členom kostola, ktorý nemal titul alebo postavenie, ostatní členovia mu slúžili. Ale teraz, na jeho pozícii musí slúžiť ostatným laickým členom. Aj keď sa usilovne snaží, má zlé pocity, keď pracuje s niekým, kto nesúhlasí s jeho spôsobmi. Zo srdca mu vychádzajú zlé pocity, ako je hnev a výbušnosť. Postupne stráca plnosť Ducha, a dokonca premýšľa nad zanechaním jeho povinnosti.

Tieto zlé pocity sú skalami, ktoré musí odhodiť z pôdy jeho srdca. Tieto zlé pocity vznikli z veľkej skaly nazvanej „nenávisť." Keď sa snaží nasledovať Slovo: „Buď verný", teraz čelí skale nazvanej „nenávisť." Keď to zistí, musí zaútočiť na túto skalu nazvanou „nenávisť" a odstrániť ju. Až potom môže nasledovať Slovo, ktoré nám hovorí milovať a zachovávať pokoj. Taktiež, nemôže sa jednoducho vzdať len preto, že je to ťažké, ale musí sa ešte pevnejšie držať jeho povinnosti a ešte horlivejšie ju naplniť. Týmto spôsobom sa môže zmeniť na pracovníka, ktorý je mierny.

Po druhé, pri dodržiavaní Božieho slova sa musíme vrúcne modliť. Keď na pôdu padá dážď, stane sa vlhkou a jemnou. Je to dobrý čas na odstránenie skál. A rovnako, keď sa modlíme, budeme naplnení Duchom Svätým a naše srdce bude jemné. Keď sme modlitbami naplnení Duchom Svätým, nemali by sme si nechať ujsť túto príležitosť. Musíme rýchlo odstrániť skaly. Konkrétne to znamená, že musíme okamžite dodržiavať to, čo sme predtým nedokázali skutočne nasledovať. Keď toto budeme znova a znova konať, môžeme odhodiť a odstrániť dokonca aj veľké skaly umiestnené hlboko vo vnútri srdca. Keď sme dostali milosť a silu od Boha zhora a plnosť Ducha Svätého, potom môžeme odvrhnúť hriechy a zlo, ktoré sme vlastnou vôľou nedokázali odstrániť.

V dôsledku svetských starostí a zákernosti bohatstva tŕne neprinášajú žiadne ovocie.

Ak zasejeme semená do tŕnia, môžu vyklíčiť a vyrásť, ale kvôli tŕniu nemôžu prinášať žiadne ovocie. Rovnako aj tí, ktorí majú srdce ako tŕne, veria Slovu a snažia sa dané Slovo dodržiavať, ale nedokážu ho dodržiavať úplne. Je to preto, že majú svetské starosti a zákernosť bohatstva, čo je túžba po peniazoch, sláve a moci. Z tohto dôvodu žijú v utrpení a v skúškach.

Takí ľudia majú neustále starosti o fyzické veci, ako sú domáce práce, ich podniky alebo ich zajtrajšia práca, aj keď prídu do kostola. Pri návšteve bohoslužby v kostole majú získať upokojenie a novú silu, ale majú len starosti a obavy. A potom, aj keď trávia v kostole veľa nedieľ, nemôžu ochutnať pravú radosť a pokoj z dodržiavania nedele svätej. Ak by skutočne dodržiavali nedeľu svätú, ich duša by prosperovala a dostali by duchovné a materiálne požehnania. Ale také požehnania nie sú schopní získať. Preto musia odstrániť tŕne a správne dodržiavať Božie slovo, aby mohli mať v srdci dobrú pôdu.

Ako môžeme zorať tŕne?

Tŕne musíme vytiahnuť s koreňmi. Tŕne symbolizujú telesné myšlienky. Ich korene symbolizujú zlé a telesné veci v srdci. Konkrétne to znamená, že zlé a telesné atribúty v srdci sú zdrojom telesných myšlienok. Ak sú vetvy z tŕnia iba odrezané, opäť vyrastú. Podobne, aj keď sme sa rozhodli nemať telesné myšlienky, nemôžeme ich zastaviť, pokiaľ máme v srdci zlo. Telo srdca musíme vytiahnuť aj s koreňom.

Ak spomedzi mnohých koreňov vytiahneme korene nazvané chamtivosť a arogancia, môžeme z nášho srdca vytrhnúť telo do značnej miery. Sme náchylní byť zviazaní svetom a obávať sa o pozemské veci, pretože máme v sebe chamtivosť po telesných veciach. Potom budeme vždy myslieť na to, čo je pre nás výhodné a pôjdeme vlastnou cestou, aj keď môžeme hovoriť, že žijeme podľa Božieho slova. Taktiež, ak máme v sebe aroganciu, nedokážeme ani úplne poslúchať. Používame telesnú múdrosť a naše telesné myšlienky, pretože si myslíme, že sme schopní niečo urobiť. Preto musíme najprv vytiahnuť korene nazvané chamtivosť a arogancia.

Kultivovať dobrú pôdu

Keď sú semená siate do dobrej pôdy, vyklíčia a vyrastú a prinášajú 30, 60 alebo 100 násobnú úrodu. Tí, ktorí majú takú pôdu srdca, nemajú vlastnú spravodlivosť a rámce myslenia, ako tí, ktorí majú srdce ako kraj cesty. Nemajú žiadne skaly alebo tŕne, a tak prijímajú Božie slovo iba s „áno" a „amen." Týmto spôsobom môžu prinášať hojné ovocie.

Samozrejme, že je ťažké jasne rozlišovať medzi krajom cesty, skalnatou pôdou, tŕňami a dobrou pôdou ľudského srdca, ako keby sme ho analyzovali nejakým spôsobom. Srdce ako kraj cesty môže obsahovať trochu skalnatej pôdy. Aj dobrá pôda môže v procese rastu obsahovať nejakú nepravdu, ktorá je ako skaly. Ale bez ohľadu na to, aký druh pôdy máme, môžeme z nej urobiť dobrú pôdu, ak ju usilovne orieme. Ako usilovne pôdu orieme, je dôležitejšie ako to, aký druh pôdy srdca máme.

Dokonca aj veľmi hrboľatá neplodná pôda môže byť kultivovaná na pole dobrej pôdy, pokiaľ ju farmár veľmi usilovne orie. Podobne, pôdu ľudského srdca môže zmeniť Božia moc. Dokonca aj zatvrdené srdce ako kraj cesty môže byť zorané za pomoci Ducha Svätého.

Samozrejme, dar Ducha Svätého nemusí nutne znamenať, že sa naše srdce automaticky zmení. Musí tam byť aj naše vlastné úsilie. Musíme sa snažiť vrúcne sa modliť, pokúsiť sa myslieť vo všetkom iba v pravde a snažiť sa konať podľa pravdy. Nesmieme sa vzdať po niekoľkých týždňoch, alebo dokonca niekoľkých mesiacoch, ale musíme sa aj naďalej snažiť.

Predtým, ako nám Boh dáva Jeho milosť, silu a pomoc Ducha Svätého, zvažuje naše úsilie. Ak budeme mať na pamäti to, čo musíme zmeniť a skutočne tieto vlastnosti zmeníme Božou milosťou a mocou a za pomoci Ducha Svätého, potom sa určite za rok zmeníme. Budeme hovoriť dobré slová nasledovaním pravdy a naše myšlienky sa zmenia na dobré myšlienky, ktoré sú z pravdy.

Do tej miery, do akej sme zorali pôdu nášho srdca na dobrú

pôdu, budeme prinášať aj iné ovocie Ducha Svätého. Presnejšie, miernosť úzko súvisí s kultivovaním pôdy nášho srdca. Až kým neodstránime rôzne nepravdy, ako je výbušnosť, nenávisť, závisť, chamtivosť, hádky, pýcha a vlastná spravodlivosť, nemôžeme mať miernosť. A iné duše pri nás potom nenájdu odpočinok.

Z tohto dôvodu miernosť priamejšie súvisí so svätosťou ako ostatné ovocie Ducha Svätého. Môžeme rýchlo získať to, o čo v modlitbe prosíme, ako dobrá pôda, ktorá prináša ovocie, ak budeme kultivovať duchovnú miernosť. Budeme tiež schopní jasne počuť hlas Ducha Svätého, aby sme tak mohli byť vedení k prosperite vo všetkých oblastiach.

Požehnania pre miernych

Nie je ľahké starať sa o spoločnosť, ktorá má stovky zamestnancov. Dokonca, aj keď ste sa zvolením stal vodcom skupiny, nie je jednoduché viesť celú skupinu. Aby bolo možné spojiť toľkých ľudí a viesť ich, človek musí byť schopný získať si srdcia ľudí skrze duchovnú miernosť.

Samozrejme, že ľudia môžu nasledovať tých, ktorí majú moc alebo tých, ktorí sú bohatí a zdá sa, že pomáhajú núdznym na tomto svete. Kórejské príslovie hovorí: „Keď zdochne ministrov pes, je tam more smútiacich, ale keď zomrie sám minister, nesmúti nikto." Rovnako ako v tomto výroku, môžeme zistiť, či človek skutočne mal vlastnosť štedrosti, keď stráca jeho moc a bohatstvo. Keď je človek bohatý a mocný, ľudia ho nasledujú, ale je ťažké nájsť niekoho, kto zostane s človekom až do konca, aj keď stratí všetku moc a bohatstvo.

Ale toho, kto má cnosť a štedrosť, nasleduje mnoho ľudí, aj keď stratí moc a bohatstvo. Nenasledujú ho pre peňažný zisk, ale preto, aby pri ňom našli odpočinok.

Aj v cirkvi niektorí vodcovia hovoria, že je to ťažké, pretože sú schopní prijať a objať len hŕstku členov skupiny. Ak chcú mať v ich skupine oživenie, najprv by mali kultivovať mierne srdce, ktoré je rovnako mäkké ako bavlna. Potom členovia nájdu pri svojich vodcoch odpočinok, budú sa tešiť z pokoja a šťastia, preto bude oživenie automaticky nasledovať. Pastori a ministri musia byť veľmi mierni a musia byť schopní prijať mnoho duší.

Miernych čakajú požehnania. Mt 5, 5 hovorí: „*Blahoslavení mierni, lebo oni budú dedičmi zeme.*" Ako už bolo spomenuté, stať sa dedičom zeme neznamená, že dostaneme pôdu tu na tomto svete. Znamená to, že dostaneme pôdu v nebi, do tej miery, do akej sme v našom srdci kultivovali miernosť. V nebi dostaneme dosť veľký dom na to, aby sme mohli pozvať každú dušu, ktorá pri nás našla pokoj.

Získať taký veľký príbytok v nebi tiež znamená, že budeme mať veľmi čestné postavenie. Aj keď máme taký veľký kus zeme tu na zemi, nemôžeme si ho vziať do neba. Ale zem, ktorú dostaneme v nebi tým, že budeme kultivovať mierne srdce, bude naším dedičstvom, ktoré sa nikdy nepominie. Budeme sa tešiť večnému šťastiu v našom príbytku spolu s Pánom a našimi milovanými.

Preto dúfam, že si budete usilovne orať srdce, aby ste prinášali krásne ovocie miernosti, aby ste mohli tak, ako Mojžiš, zdediť veľký kus zeme ako dedičstvo v nebeskom kráľovstve.

1 Kor 9, 25

„Veď každý pretekár sa zdržiava všetkého;

oni to robia preto, aby získali porušiteľný veniec,

my však neporušiteľný."

Proti takýmto veciam nie je zákon

Kapitola 10

Zdržanlivosť

Zdržanlivosť je potrebná vo všetkých aspektoch života
Zdržanlivosť, základ pre Božie deti
Zdržanlivosť zdokonaľuje ovocie Ducha Svätého
Dôkazy, že je prinášané ovocie zdržanlivosti
Ak chcete prinášať ovocie zdržanlivosti

Zdržanlivosť

Maratón sú preteky o dĺžke 42,195 km (26 míľ a 385 yd). Bežci musia dobre kontrolovať svoju rýchlosť, aby dosiahli cieľovú čiaru. Nie sú to preteky na krátku vzdialenosť, ktoré sa rýchlo skončia, preto nesmú náhodne bežať plnou rýchlosťou. Počas celého behu musia dodržiavať veľmi stabilnú rýchlosť, a keď dosiahnu určitý bod, môžu použiť všetku zostávajúcu energiu.

Rovnaký princíp platí aj pre naše životy. Musíme byť stále až do konca verní v našich pretekoch viery a vyhrať boj so sebou, aby sme získali víťazstvo. Navyše, tí, ktorí chcú získať slávne vence v nebeskom kráľovstve, musia byť zdržanliví vo všetkých oblastiach života.

Zdržanlivosť je potrebná vo všetkých aspektoch života

Na tomto svete môžeme vidieť, že tí, ktorí nemajú zdržanlivosť, robia svoj život zložitým a spôsobujú si ťažkosti. Napríklad, v prípade, že rodičia dávajú príliš veľa lásky synovi len preto, že je jedináčik, je veľmi pravdepodobné, že dieťa bude rozmaznané. A aj keď tí, ktorí sú závislí na hazardných hrách a iných formách pôžitku, vedia, že sa majú starať o svoje rodiny, ničia svoje rodiny, pretože sa nedokážu kontrolovať. Hovoria: „Toto je už naposledy. Už to viac neurobím," ale to „naposledy" sa deje znova a znova.

V slávnom čínskom historickom románe *Romanca troch kráľovstiev* je Zhang Fei plný lásky a odvahy, ale je výbušný a agresívny. Liu Bei a Guan Yu, ktorí s ním prisahajú bratstvo, majú neustále obavy z toho, že kedykoľvek môže urobiť chybu. Zhang

Fei dostáva veľa rád, ale nedokáže skutočne zmeniť svoju povahu. Nakoniec, v dôsledku jeho výbušnosti čelí problémom. Bije a bičuje jeho podriadených, ktorí nespĺňajú jeho očakávania a dvaja muži, ktorí mali pocit, že boli neprávom potrestaní, sú na neho nahnevaní, zavraždia ho a vzdajú sa v nepriateľskom tábore.

A rovnako, tí, ktorí nekontrolujú svoje nálady, zraňujú pocity mnohých ľudí doma i na pracovisku. Je pre nich ľahké vyvolať nepriateľstvo medzi sebou a ostatnými ľuďmi, a preto je nepravdepodobné, že povedú prosperujúci život. Ale tí, ktorí sú múdri, zvalia vinu na seba a ostatných znášajú aj v situáciách provokujúcich hnev. Aj keď iní urobia veľké chyby, kontrolujú vlastnú náladu a dotknú sa sŕdc ostatných slovami útechy. Tieto skutky sú múdre skutky, ktoré získajú srdcia mnohých ľudí a umožňujú prekvitať ich životu.

Zdržanlivosť, základ pre Božie deti

Všeobecne povedané, my, ako Božie deti, potrebujeme zdržanlivosť, aby sme mohli odhodiť hriechy. Čím menej zdržanlivosti máme, tým viac ťažkostí pociťujeme pri odvrhovaní hriechov. Keď počúvame Božie slovo a získame Božiu milosť, zmeníme našu myseľ, aby sme dokázali zmeniť samých seba, ale môžeme byť znova svetom pokúšaní.

Vidíme to na slovách, ktoré vychádzajú z našich úst. Mnoho ľudí sa modlí, aby sa ich pery stali svätými a dokonalými. Ale počas života zabúdajú na to, za čo sa modlili a jednoducho hovoria to, čo chcú, iba zo zvyku. Keď sa stane niečo, čo je pre nich ťažké pochopiť, pretože to je proti tomu, čo si myslia alebo v čo veria, niektorí ľudia začnú čoskoro nadávať a sťažovať sa. Keď sa prestanú sťažovať, môžu to potom oľutovať, ale nedokážu sa kontrolovať, keď ich pocity vzblknu. Taktiež, niektorí ľudia radi hovoria tak veľa, že nedokážu prestať, akonáhle začnú rozprávať. Nerozlišujú medzi slovami pravdy a nepravdy, a tým, čo by mali hovoriť, a čo nie, a tak robia veľa chýb. Môžeme pochopiť, aká dôležitá je zdržanlivosť už len pri pohľade na tento aspekt kontrolovania našich slov.

Zdržanlivosť zdokonaľuje ovocie Ducha Svätého

Ale ovocie zdržanlivosti, ako jedno z ovocí Ducha Svätého, neodkazuje len na ovládanie samých seba pred páchaním hriechov. Zdržanlivosť, ako jedno z ovocí Ducha Svätého, ovláda ďalšie ovocie Ducha Svätého, aby sa tiež mohli stať dokonalými. Z tohto dôvodu je prvým ovocím Ducha láska a posledným je zdržanlivosť. Zdržanlivosť je relatívne menej nápadná ako ostatné ovocie, ale je veľmi dôležitá. Všetko ovláda, preto tam môže byť stabilita, organizácia a konkrétnosť. Je spomenutá ako posledné ovocie z ovocia Ducha, pretože všetko ostatné ovocie môže byť zdokonalené prostredníctvom zdržanlivosti.

Napríklad, aj keď máme ovocie radosti, nemôžeme vyjadriť našu radosť kdekoľvek a kedykoľvek. Keď ostatní ľudia smútia na pohrebe a vy máte veľký úsmev na tvári, čo by o vás mohli povedať? Nepovedia, že ste láskaví, pretože prinášate ovocie radosti. Aj keď radosť zo získania spásy je taká veľká, musíme ju kontrolovať podľa situácie. Týmto spôsobom ju môžeme urobiť

pravým ovocím Ducha Svätého.
Je dôležité mať zdržanlivosť, aj keď sme verní Bohu. Zvlášť, ak máte veľa povinností, budete musieť rozdeliť svoj čas vhodne, aby ste mohli byť tam, kde potrebujete byť najviac v tom najvhodnejšom čase. Aj keď je dané stretnutie veľmi príjemné, musíte ho skončiť vtedy, kedy sa má skončiť. A rovnako, aby sme boli verní v celom Božom dome, potrebujeme ovocie zdržanlivosti.

Je to rovnaké u všetkých ostatných druhov ovocia Ducha Svätého, vrátane lásky, milosrdenstva, dobroty, atď. Keď sa ovocie, ktoré vzniká v srdci, uskutoční v skutku, musíme nasledovať pokyny a hlas Ducha Svätého, aby sme ho urobili najvhodnejším. Môžeme rozdeliť prácu podľa dôležitosti na to, čo musí byť vykonané ako prvé, a to, čo môže byť vykonané neskôr. Môžeme sa rozhodnúť, či by sme mali ísť vpred alebo o krok späť. Tento druh rozlišovania môžeme mať vďaka tomuto ovociu zdržanlivosti.

Ak niekto v plnosti prináša všetko ovocie Ducha Svätého, znamená to, že vo všetkom nasleduje túžby Ducha Svätého. Aby bolo možné nasledovať túžby Ducha Svätého a konať v dokonalosti, musíme mať ovocie zdržanlivosti. To je dôvod, prečo hovoríme, že všetko ovocie Ducha Svätého je zdokonalené prostredníctvom tohto posledného ovocia, ovocia zdržanlivosti.

Dôkazy, že je prinášané ovocie zdržanlivosti

Keď je prinášané v srdci ostatné ovocie Ducha Svätého, prejaví sa aj navonok, ovocie zdržanlivosti sa stáva akoby rozhodujúcim centrom, ktoré poskytuje harmóniu a poriadok. Aj keď si berieme niečo dobré v Pánovi, brať všetko, čo zmôžeme, nie je vždy najlepšie. Hovoríme, že všetkého veľa škodí. Aj v duchu musíme robiť všetko primerane nasledovaním túžob Ducha Svätého.

Teraz vám vysvetlím, ako môže byť ovocie zdržanlivosti podrobne prejavené.

Po prvé, vo všetkom budeme dodržiavať poradie alebo hierarchiu.

Pochopením vlastného postavenia v poradí budeme vedieť, kedy použiť dané slová a kedy nie, kedy by sme mali konať a kedy nie. Potom nebudú vznikať žiadne spory, hádky alebo nedorozumenia. Keďže neurobíme nič, čo je nevhodné alebo niečo, čo siaha za hranice nášho postavenia. Predpokladajme, napríklad, že vodca misijnej skupiny požiadal správcu vykonať určitú prácu. Tento správca je plný vášne a myslí si, že má lepší nápad, a tak zmení niektoré veci podľa vlastného uváženia a podľa toho vykoná prácu. A teda, aj keď pracoval s veľkou vášňou, nedodržal poradie tým, že kvôli nedostatku zdržanlivosti zmenil veci.

Boh nás môže dobre odmeniť, keď dodržiavame poradie na základe rôznych postavení v misijných skupinách kostola, ako je prezident, viceprezident, správca, sekretárka alebo pokladník. Naši vodcovia môžu mať iné spôsoby vykonávania vecí ako my. Potom, aj keď naše vlastné spôsoby vyzerajú byť oveľa lepšie a je pravdepodobné, že nimi získame oveľa viac ovocia, nemôžeme prinášať dobré ovocie, ak sú poradie a pokoj narušené. Satan vždy zasiahne, keď je pokoj zničený a zabráni tak uskutočneniu

Božieho diela. Pokiaľ nie je niečo úplnou nepravdou, musíme myslieť na celú skupinu a dodržiavať a snažiť sa o pokoj podľa poradia, aby všetko mohlo byť krásne vykonané.

Po druhé, musíme brať ohľad na obsah, načasovanie a miesto, aj keď robíme niečo dobré.

Napríklad, volať v modlitbe je niečo dobré, ale ak budete volať na ľubovoľnom mieste bez uváženia, môže to byť na hanbu Boha. A tiež, keď kážete evanjelium alebo navštívite členov, aby ste im ponúkli duchovné vedenie, mali by ste rozlišovať slová, ktoré hovoríte. Aj keď chápete určité hlboké duchovné veci, nemôžete ich šíriť všetkým. Ak ponúknete niečo, čo nezodpovedá miere viery poslucháča, potom to môže spôsobiť, že ten človek zakopne alebo bude súdiť a odsudzovať.

V niektorých prípadoch môže človek poskytnúť jeho svedectvo alebo povedať to, čo duchovne pochopil ľuďom, ktorí sú zaneprázdení inými dielami. Aj napriek tomu, že obsah toho, čo povedal, je veľmi dobrý, nemôže skutočne ostatných poučiť, ak to nebolo povedané vo vhodnej situácii. Aj keď ho ostatní počúvajú len zo slušnosti, nemôžu skutočne venovať pozornosť svedectvu, pretože sú zaneprázdnení a nervózni. Použijem ďalší príklad. Keď za mnou príde celá farnosť alebo skupina ľudí na konzultáciu, a ak iba jeden človek neustále rozpráva jeho svedectvá, čo by sa stalo so stretnutím? Tento človek vzdáva Bohu slávu, pretože je plný milosti a Ducha. Ale výsledkom toho je to, že tento človek osobne využíva všetok čas, ktorý je určený pre celú skupinu. Dôvodom je nedostatok zdržanlivosti. Aj keď robíte niečo veľmi dobré, mali by ste vziať do úvahy všetky druhy situácií a mať zdržanlivosť.

Po tretie, nie sme netrpezliví alebo v zhone, ale sme pokojní, preto sme schopní reagovať na každú situáciu rozumne.

Tí, ktorí nemajú žiadnu zdržanlivosť, sú netrpezliví a neberú ohľad na ostatných. Keďže sú v zhone, majú menšiu silu rozlišovania a môžu im uniknúť niektoré dôležité veci. Rýchlo súdia a odsudzujú, čo spôsobuje nepríjemné pocity medzi ostatnými ľuďmi. Tí, ktorí sú netrpezliví, keď počúvajú ostatných alebo im odpovedajú, robia mnoho chýb. Nemali by sme netrpezlivo prerušovať druhého človeka, keď rozpráva. Mali by sme pozorne počúvať až do konca, aby sme sa mohli vyhnúť unáhleným záverom. Navyše, týmto spôsobom môžeme pochopiť zámer tohto človeka a primerane na to reagovať.

Predtým, než Peter dostal dar Ducha Svätého, bol netrpezlivý a mal sebeckú povahu. Zúfalo sa snažil pred Ježišom ovládať, ale aj tak bola občas jeho povaha odhalená. Keď Ježiš povedal Petrovi, že ho pred ukrižovaním zaprie, Peter okamžite vyvrátil to, čo Ježiš povedal, tvrdením, že Pána nikdy nezaprie.

Ak by Peter mal ovocie zdržanlivosti, nebol by jednoducho nesúhlasil s Ježišom, ale snažil by sa nájsť správnu odpoveď. Ak by vedel, že Ježiš je Syn Boží a nikdy by nepovedal niečo nezmyselné, mal by Ježišove slová stále na pamäti. Týmto spôsobom by mohol byť dosť opatrný na to, aby sa to nestalo. Správne rozlišovanie, ktoré nám umožňuje reagovať primerane, pochádza zo zdržanlivosti.

Židia mali v sebe veľkú pýchu. Boli takí pyšní, že striktne dodržiavali Boží zákon. A pretože Ježiš pokarhal saducejov a farizejov, ktorí boli politickými a náboženskými vodcami, nemohli mať voči Nemu kladné pocity. Obzvlášť, keď Ježiš povedal, že je Boží Syn, považovali to za rúhanie. V tej dobe sa blížila slávnosť stánkov. Približne v dobe zberu stavali stánky na pamiatku exodusu a vďakyvzdanie Bohu. Ľudia zvyčajne išli sláviť túto slávnosť do Jeruzalema.

Ale Ježiš neplánoval ísť do Jeruzalema, aj keď sa slávnosť bližila a Jeho bratia ho nabádali, aby išiel do Jeruzalema uskutočniť zázraky a zjaviť sám seba na získanie podpory od ľudí (Jn 7, 3-5). Povedali: „*Veď nikto nerobí nič v skrytosti, ale chce byť verejne známy. Ak robíš takéto veci, ukáž sa svetu*" (v 4). Aj keď sa niečo zdá byť také rozumné, nemá to s Bohom nič spoločné, ak to nie je v súlade s Jeho vôľou. Dokonca aj Ježišovi bratia si v dôsledku ich vlastných myšlienok mysleli, že nie je správne, aby Ježiš v tichosti čakal, kým príde Jeho čas.

Ak by Ježiš nemal zdržanlivosť, ihneď by išiel do Jeruzalema, aby zjavil sám seba. Ale slová Jeho bratov ním neotriasli. Čakal len na správny čas a na zjavenie Božej prozreteľnosti. A potom išiel do Jeruzalema ticho bez toho, aby si Ho ostatní ľudia všimli, potom, čo všetci bratia odišli do Jeruzalema. Konal podľa Božej vôle, presne vediac, kedy ísť a kedy zostať.

Ak chcete prinášať ovocie zdržanlivosti

Keď hovoríme s ostatnými, mnohokrát sa ich slová a vnútorné srdcia líšia. Niektorí sa snažia odhaliť chyby iných ľudí, aby zakryli svoje vlastné chyby. Môžu prosiť o niečo na naplnenie ich chamtivosti, ale žiadajú o to, ako keby to bola žiadosť niekoho iného. Zdá sa, že kladú otázku pre pochopenie Božej vôle, ale v skutočnosti sa snažia dosiahnuť odpoveď, ktorú chcú. Ale ak sa s nimi pokojne porozprávame, uvidíme, že ich srdce bude nakoniec odhalené. Tí, ktorí majú zdržanlivosť, nebudú ľahko otrasení slovami iných ľudí. Môžu pokojne počúvať druhých a dielami Ducha Svätého dokážu rozlišovať pravdu. Ak ju rozlišujú zdržanlivosťou a odpoveďou, môžu znížiť množstvo chýb, ktoré by mohli byť spôsobené v dôsledku zlých rozhodnutí. Ich slová budú mať váhu a autoritu do určitej miery, aby ich slová mali väčší vplyv na ostatných. Ako teda môžeme prinášať toto dôležité ovocie zdržanlivosti?

Po prvé, musíme mať nemenné srdcia.

Musíme kultivovať pravdivé srdce, v ktorom niet žiadnej lži či prefíkanosti. Potom môžeme mať silu urobiť to, čo sme sa rozhodli urobiť. Samozrejme, že nedokážeme kultivovať tento druh srdca za jedinú noc. Musíme neustále trénovať samých seba, počnúc neochabovaním srdca v malých veciach.

Bol istý majster, ktorý mal učňov. Jedného dňa prechádzali trhoviskom a niektorí z obchodníkov na trhu ich nesprávne pochopili a začali sa s nimi hádať. Učni boli rozzúrení a začali s nimi hádku, ale majster bol pokojný. Keď sa vrátili z trhu, vytiahol zo skrine zväzok listov a ukázal ich svojim žiakom. Listy ho bezdôvodne kritizovali.

Potom im povedal: „Nemôžem sa vyhnúť nepochopeniu. Ale nezáleží mi na nepochopení ľuďmi. Nemôžem sa vyhnúť prvej nečistote, ktorá ku mne prichádza, ale stále sa môžem vyhnúť pochabosti spáchania druhej nečistoty."

Prvá nečistota tu znamená to, že sa stal predmetom klebiet iných ľudí. Druhá nečistota je v dôsledku týchto klebiet mať nepríjemné pocity a dostať sa do sporov a hádok. Ak sa nám podarí mať srdce, ako mal tento majster, nebudeme otrasení žiadnou situáciou. Ale naopak, budeme schopní neochabovať v srdciach a budeme žiť v pokoji. Tí, ktorí dokážu neochabovať v srdci, dokážu sa vo všetkom ovládať. Do tej miery, do akej odhodíme všetky druhy zla, ako je nenávisť, závisť a žiarlivosť, Boh nám môže veriť a milovať nás.

Veci, ktoré ma rodičia v detstve naučili, mi výrazne pomohli v mojej pastoračnej službe. Popri učeniu sa o správnych spôsoboch reči, držania tela a slušného správania a zvykoch, som sa naučil neochabovať v srdci a ovládať sa. Keď sa raz pre niečo rozhodneme, musíme to dodržiavať a nemeniť to podľa vlastného prospechu. Pri nahromadení takého úsilia budeme mať nakoniec nemenné srdce a získame silu zdržanlivosti.

Po ďalšie, musíme trénovať samých seba k načúvaniu túžob Ducha Svätého tým, že nebudeme ako prvé zvažovať vlastný názor.

Do tej miery, do akej sa učíme Božie slovo, Duch Svätý nám umožňuje počuť Jeho hlas skrze Slovo, ktoré sme sa naučili. Aj keď sme neprávom obvinení, Duch Svätý nám hovorí odpúšťať a milovať. Potom si môžeme pomyslieť: „Tento človek musí mať nejaký dôvod na to, čo robí. Budem sa snažiť prekonať jeho nepochopenie priateľským rozhovorom." Ale ak je v našom srdci viac neprávd, budeme najprv počuť hlas satana. „Keď mu dám pokoj, bude sa na mňa aj naďalej pozerať povýšenecky. Musím mu dať lekciu." Aj keď počujeme hlas Ducha Svätého, nevšimneme si ho, pretože je príliš slabý v porovnaní s drvivými zlými myšlienkami. Preto, hlas Ducha Svätého môžeme počuť vtedy, keď usilovne odhadzujeme nepravdy, ktoré sú v našich srdciach a zachovávame v nich Božie slovo. Keď nasledujeme aj slabý hlas Ducha, budeme schopní počuť hlas Ducha Svätého stále viac a viac. Musíme sa snažiť najprv počúvať hlas Ducha Svätého, namiesto myslenia, že to, čo si myslíme je naliehavejšie a dobré. Keď potom budeme počuť Jeho hlas a príjmeme Jeho naliehanie, musíme to nasledovať a dodržiavať. Keď sa budeme trénovať tak, aby sme neustále venovali pozornosť túžbam Ducha Svätého a nasledovali ich, budeme schopní rozlíšiť aj veľmi slabý hlas Ducha Svätého. Potom budeme mať vo všetkom rovnováhu.

V istom zmysle by sa mohlo zdať, že zdržanlivosť má najmenej výraznú povahu spomedzi všetkých deviatich ovocí Ducha Svätého. Avšak, je potrebná vo všetkých oblastiach rôznych druhov ovocia. Je to zdržanlivosť, ktorá riadi všetkých ostatných osem ovocí Ducha Svätého: lásku, radosť, pokoj, trpezlivosť, zhovievavosť, dobrotu, vernosť, miernosť. Okrem toho, všetkých ostatných osem ovocí sa stane dokonalými iba ovocím zdržanlivosti, a z tohto dôvodu je posledné ovocie zdržanlivosti dôležité.

Každé z týchto ovocí Ducha Svätého je vzácnejšie a krajšie ako hociktorý drahý kameň tohto sveta. Môžeme dostať všetko, o čo v modlitbe prosíme a vo všetkom budeme prosperovať, ak prinášame ovocie Ducha Svätého. Môžeme tiež odhaliť Božiu slávu zjavovaním sily a autority Svetla na tomto svete. Dúfam, že budete túžiť po ovocí Ducha Svätého viac ako po akomkoľvek poklade tohto sveta a dosiahnete ho.

Gal 5, 22-23

„No ovocie Ducha je

láska, radosť, pokoj, trpezlivosť,

zhovievavosť, dobrota, vernosť, miernosť a zdržanlivosť.

Proti takýmto veciam nie je zákon."

Kapitola 11

Proti takýmto veciam nie je zákon

Pretože ste boli povolaní k slobode
Chodiť s Duchom
Prvým z deviatich ovocí je láska
Proti takýmto veciam nie je zákon

Proti takýmto veciam nie je zákon

Apoštol Pavol bol Žid zo Židov a išiel do Damasku zatknúť kresťanov. Ale na ceste stretol Pána a konal pokánie. V tej dobe si neuvedomil pravdu evanjelia, podľa ktorej je človek spasený skrze vieru v Ježiša Krista, ale potom, čo dostal dar Ducha Svätého, začal pod vedením Ducha Svätého viesť evanjelizáciu pohanov. Deväť ovocí Ducha Svätého je zaznamenaných v kapitole 5 v knihe Galaťanom, ktorá je jedným z jeho listov. Ak pochopíme situáciu tej doby, môžeme pochopiť, prečo Pavol napísal Galaťanom, a aké dôležité je to, aby kresťania prinášali ovocie Ducha.

Pretože ste boli povolaní k slobode

Prvou misijnou cestou Pavla bola cesta do Galácie. V synagóge nekázal Mojžišov zákon a obriezku, ale len evanjelium Ježiša Krista. Jeho slová boli potvrdené následnými znameniami a mnoho ľudí získalo spásu. Veriaci v kostole v Galácii ho natoľko milovali, že ak by to bolo možné, vylúpili by si oči a dali ich Pavlovi.

Keď Pavol dokončil jeho prvú misijnú cestu a vrátil sa do Antiochie, v kostole vznikol problém. Nejakí ľudia prišli z Judska a kázali, že pohania sa musia nechať obrezať, aby získali spásu. Pavol a Barnabáš mali s nimi veľké nezhody a diskutovali s nimi.

Bratia sa rozhodli, že Pavol a Barnabáš a niekoľko ďalších by mali ísť s týmto problémom do Jeruzalema k apoštolom a starším. Cítili, že je potrebné dospieť k záveru o Mojžišovom zákone pri kázaní evanjelia pohanom, a to v kostole v Antiochii aj v Galácii.

Sk 15 opisuje situácie pred zasadnutím snemu Jeruzalema a po ňom a z toho môžeme pochopiť, aká bola v tej dobe situácia vážna. Apoštoli, ktorí boli Ježišovými učeníkmi a starší a cirkevní zástupcovia sa zišli a viedli horlivé diskusie a dospeli k záveru, že pohania sa musia stránit vecí kontaminovaných modlami a smilstvom, a tiež toho, čo je usmrtené a krvi.

Poslali do Antiochie mužov, aby doručili oficiálny list, ktorý obsahoval rozhodnutie rady, pretože Antiochia bola centrom evanjelizácie pohanov. Pohanom dali určitú voľnosť v dodržiavaní Mojžišovho zákona, pretože by bolo pre nich veľmi ťažké dodržiavať zákon ako Židia. Týmto spôsobom mohol každý Žid získať spásu skrze vieru v Ježiša Krista.

Sk 15, 28-29 hovorí: *„Lebo Duch Svätý a my sme rozhodli, že na vás nebudeme klásť nijaké iné bremeno okrem tohto, nevyhnutného: Zdržiavať sa mäsa obetovaného modlám, krvi, udusených zvierat a smilstva. Ak sa tohto budete chrániť, budete konať správne. Buďte zdraví!"*

Rozhodnutie snemu Jeruzalema bolo doručené do kostolov, ale tí, ktorí nechápali pravdu evanjelia a posolstvo kríža, aj naďalej vyučovali v kostoloch, že veriaci musia dodržiavať Mojžišov zákon. Aj niektorí falošní proroci vystúpili v kostole a rozrušovali veriacich kritizovaním apoštola Pavla, že neučil zákon.

Keď sa takýto incident stal v kostole v Galácii, apoštol Pavol vo svojom liste vysvetlil skutočnú slobodu kresťanov. Povedal, že kedysi dodržiaval Mojžišov zákon veľmi striktne, ale po stretnutí s Pánom sa stal apoštolom pohanov, učil ich pravdu evanjelia, hovoriac: *„Len to by som sa chcel od vás dozvedieť, či ste prijali Ducha zo skutkov podľa zákona, alebo tým, že ste počúvali posolstvo viery? Takí ste nerozumní? Začali ste*

Duchom a teraz završujete telom? Toľko ste zakúsili nadarmo? Keby len nadarmo! Ten, ktorý vám dáva Ducha a robí medzi vami divy, robí to na základe skutkov podľa zákona, alebo tým, že ste počúvali posolstvo viery?" (Gal 3, 2-5).

Tvrdil, že evanjelium Ježiša Krista, ktoré učil, je pravdivé, pretože to bolo zjavením od Boha, a dôvod, prečo si Židia nemusia obrezať telo, bolo to, že dôležitejšou je obriezka srdca. Tiež ich učil o túžbach tela a túžbach Ducha Svätého a o telesných skutkoch a ovociach Ducha Svätého. Bolo to preto, aby pochopili, ako mali použiť slobodu, ktorú získali pravdou evanjelia.

Chodiť s Duchom

Prečo dal teda Boh Mojžišov zákon? Bolo to preto, že ľudia boli zlí a hriechy nepovažovali za hriech. Boh im pomohol pochopiť hriechy a nechal ich vyriešiť problém hriechu a dosiahnuť Božiu spravodlivosť. Ale problém hriechu nemohol byť úplne vyriešený skutkami zákona, a z tohto dôvodu, Boh nechal ľudí dosiahnuť Božiu spravodlivosť skrze vieru v Ježiša Krista. Gal 3, 13-14 hovorí: „*Kristus nás vykúpil z kliatby zákona tým, že sám sa stal kliatbou za nás, lebo je napísané: Prekliaty je každý, kto visí na dreve, aby v Kristovi Ježišovi prišlo Abrahámovo požehnanie na pohanov, aby sme skrze vieru dostali prisľúbenie Ducha.*"

Ale to neznamená, že zákon bol zrušený. Ježiš povedal v Mt 5, 17: „*Nemyslite si, že som prišiel zrušiť zákon alebo prorokov. Neprišiel som zrušiť, ale naplniť,*" a v nasledujúcom verši 20 povedal: „*Hovorím vám, že nikdy nevojdete do nebeského* kráľovstva, ak vaša spravodlivosť neprevýši spravodlivosť zákonníkov a farizejov."

Apoštol Pavol povedal veriacim v kostole v Galácii: „*Deti moje, znova pre vás trpím pôrodné bolesti, kým vo vás nebude stvárnený Kristus*" (Gal 4, 19), a na záver im radil: „*Lebo vy ste povolaní pre slobodu, bratia. Len aby sloboda nebola zámienkou pre telo, ale navzájom si slúžte v láske. Lebo celý zákon je zhrnutý v jednom príkaze, a to: Milovať budeš svojho blížneho ako seba samého! Ale ak sa medzi sebou hryziete a žeriete, dajte si pozor, aby ste sa navzájom neskántrili*" (Gal 5, 13-15).

Čo musíme urobiť ako Božie deti, ktoré dostali dar Ducha Svätého, aby sme skrze lásku slúžili jeden druhému, až kým v nás nebude stvárnený Kristus? Musíme chodiť s Duchom Svätým, aby sme nenasledovali túžby tela. Môžeme milovať našich susedov a mať v sebe podobu Krista, ak pod Jeho vedením prinášame deväť ovocí Ducha Svätého.

Ježiš Kristus bol prekliaty zákonom a zomrel na kríži, aj keď bol nevinný, a skrze Neho sme získali slobodu. Aby sme sa znova nestali otrokmi hriechu, musíme prinášať ovocie Ducha.

Ak s touto slobodou znovu spáchame hriechy a znovu ukrižujeme Pána spáchaním skutkov tela, nebudeme dedičmi Božieho kráľovstva. Naopak, ak budeme prinášať ovocie Ducha chodením v Duchu, Boh nás bude chrániť, a tak nám nepriateľ diabol a satan neublížia. Navyše, dostaneme všetko, o čo budeme v modlitbe prosiť.

„Milovaní, ak nás srdce neobviňuje, máme istotu v Bohu a o čokoľvek prosíme, dostaneme od neho, lebo

zachovávame jeho prikázania a robíme, čo sa mu páči. A to je jeho prikázanie: aby sme verili v meno jeho Syna Ježiša Krista a milovali sa navzájom, ako nám prikázal" (1 Jn 3, 21-23).

„Vieme, že nikto, kto sa narodil z Boha, nehreší, ale z Boha zrodený ho chráni a Zlý sa ho ani nedotkne" (1 Jn 5, 18).

Tešiť sa z pravej slobody ako kresťania a prinášať ovocie Ducha môžeme vtedy, keď máme vieru chodiť v Duchu a vieru konajúcu skrze lásku.

Prvým z deviatich ovocí je láska

Prvým ovocím z deviatich ovocí Ducha je láska. Láska v 1 Kor 13 je láska kultivovať duchovnú lásku, zatiaľ čo láska ako jedno z ovocia Ducha Svätého je na vyššej úrovni; je to neobmedzená a nekonečná láska, ktorá napĺňa zákon. Je to láska Boha a Ježiša Krista. Ak máme túto lásku, za pomoci Ducha Svätého sa dokážeme úplne obetovať.

Ovocie radosti môžeme prinášať do tej miery, do akej sme kultivovali túto lásku, takže sa za každých okolností môžeme radovať a byť šťastní. Týmto spôsobom nebudeme mať s nikým žiadny problém, a tak budeme prinášať ovocie pokoja.

Keďže budeme udržiavať pokoj s Bohom, so sebou samými a so všetkými ostatnými ľuďmi, budeme samozrejme prinášať ovocie trpezlivosti. Druh trpezlivosti, po akej Boh túži, je to, že nemusíme nič znášať, pretože máme v sebe úplnú dobrotu a pravdu. Pokiaľ máme pravú lásku, budeme schopní prijať hocijakého človeka bez akýchkoľvek zlých pocitov. Preto nebudeme musieť v našom srdci odpúšťať alebo znášať. Keď sme s ostatnými trpezliví v dobrote, budeme prinášať ovocie láskavosti. Ak sme v dobrote trpezliví aj s tými ľuďmi, ktorých nedokážeme skutočne pochopiť, potom k nim môžeme byť zhovievaví. Aj keď robia veci, ktoré siahajú ďaleko za hranice, porozumieme ich stanoviskám a prijmeme ich.

Tí, ktorí prinášajú ovocie zhovievavosti, budú mať aj dobrotu. Budú považovať ostatných za lepších, ako sú oni a budú brať ohľad na záujmy druhých rovnako ako na ich vlastné. S nikým sa nebudú hádať a nebudú zvyšovať hlas. Budú mať srdce Pána, ktorý nalomenú trstinu nedolomí a tlejúci knôt nedohasí. Ak prinášate také ovocie dobroty, nebudete trvať na vlastnom názore. Iba budete verní v celom Božom dome a budete mierni.

Tí, ktorí sú mierni, nestanú sa pre nikoho uholným kameňom a môžu mať s každým pokoj. Majú veľkorysé srdce, preto ostatných nesúdia ani neodsudzujú, ale len chápu a prijímajú.

Aby bolo možné v rovnováhe prinášať ovocie lásky, radosti, pokoja, trpezlivosti, zhovievavosti, dobroty, vernosti a miernosti, musí tam byť zdržanlivosť. Hojnosť v Bohu je dobrá, ale Božie dielo musí byť splnené dodržiavaním poradia. Potrebujeme zdržanlivosť, aby sme nič nepreháňali, aj keď je to niečo dobré. Keď týmto spôsobom nasledujeme vôľu Ducha Svätého, Boh spôsobí, že všetci spoločne pracujú pre dobro.

Proti takýmto veciam nie je zákon

Pomocník, Duch Svätý, vedie Božie deti k pravde, aby si mohli vychutnávať pravú slobodu a šťastie. Pravá sloboda je záchrana od hriechov a z moci satana, ktorý sa nás snaží zastaviť v službe Bohu a vo vychutnávaní šťastného života. Je to tiež šťastie získané spoločenstvom s Bohom.

Ako je zaznamenané v Rim 8, 2: „*Veď zákon životodarného Ducha v Kristovi Ježišovi ťa oslobodil od zákona hriechu a smrti,*" je to sloboda, ktorá môže byť dosiahnutá iba vtedy, keď v srdci veríme v Ježiša Krista a chodíme vo Svetle. Táto sloboda nemôže byť dosiahnutá ľudskou silou. Nikdy nemôže byť dosiahnutá bez Božej milosti a je to požehnanie, z ktorého sa môžeme neustále tešiť, pokiaľ si udržíme našu vieru.

Ježiš tiež povedal v Jn 8, 32: „*...poznáte pravdu a pravda vás vyslobodí.*" Sloboda je pravda a je nemenná. Stáva sa pre nás životom a vedie nás k večnému životu. V tomto pominuteľnom a meniacom sa svete nie je žiadna pravda; pravdou je iba nemenné Božie slovo. Vedieť pravdu znamená naučiť sa Božie slovo, mať ho na pamäti a podľa neho aj konať.

Ale konať podľa pravdy nemusí byť vždy ľahké. Ľudia majú v sebe nepravdy, ktoré sa naučili predtým, ako spoznali Boha a tieto nepravdy im bránia v konaní podľa pravdy. Zákon tela, ktoré túži nasledovať nepravdu a zákon Ducha života, ktorý túži nasledovať pravdu, budú viesť proti sebe vojnu (Gal 5, 17). Je to vojna na získanie pravej slobody. Táto vojna bude pokračovať dovtedy, až kým naša viera nie je pevná a nestojíme na skale viery, ktorá nemôže byť nikdy otrasená.

Keď stojíme na skale viery, je oveľa ľahšie bojovať dobrý boj.

Keď odvrhneme všetko zlo a posvätíme sa, vtedy si budeme môcť konečne vychutnať pravú slobodu. Už nebudeme musieť bojovať dobrý boj, pretože budeme neustále konať podľa pravdy. Ak budeme prinášať ovocie Ducha Svätého Jeho vedením, nikto nám nemôže zabrániť v získaní pravej slobody.

To je dôvod, prečo Gal 5, 18 hovorí: *„Ale ak vás vedie Duch, nie ste pod zákonom"* a nasledujúce verše 22-23 hovoria: *„No ovocie Ducha je láska, radosť, pokoj, trpezlivosť, zhovievavosť, dobrota, vernosť, miernosť a zdržanlivosť. Proti takýmto veciam nie je zákon."*

Posolstvo o deviatich ovociach Ducha Svätého je ako kľúč na otvorenie brány požehnaní. Ale len preto, že máme kľúč, dvere požehnania sa neotvoria samé. Musíme skutočne vložiť kľúč do zámku a otvoriť ho, a to isté platí pre Božie slovo. Bez ohľadu na to, koľkokrát sme ho počuli, ešte nie je úplne naše. Požehnania obsiahnuté v Božom slove môžeme dostať iba vtedy, keď podľa neho konáme.

Mt 7, 21 hovorí: *„Nie každý, kto mi hovorí: Pane, Pane! vojde do nebeského kráľovstva, ale iba ten, kto plní vôľu môjho Otca, ktorý je v nebesiach."* Jak 1, 25 hovorí: *„Kto sa však zahľadí do dokonalého zákona slobody a vytrvá nie ako zábudlivý poslucháč, ale ako uskutočňovateľ skutku, ten bude blahoslavený pre svoje skutky."*

Aby sme dostali Božiu lásku a požehnania, je dôležité pochopiť, čo sú ovocia Ducha Svätého, mať ich stále na pamäti a skutočne prinášať tie ovocia konaním podľa Božieho slova. Ak budeme v plnosti prinášať ovocie Ducha Svätého dokonalým konaním podľa pravdy, budeme mať v pravde pravú slobodu. Budeme jasne počuť hlas Ducha Svätého a budeme vedení na všetkých našich cestách, a tak budeme vo všetkom prosperovať. V Pánovom mene sa modlím, aby ste sa tešili z veľkej cti ako na tejto zemi, tak aj v Novom Jeruzaleme, konečnom cieli našej viery.

Autor:
Dr. Jaerock Lee

Dr Jaerock Lee sa narodil v roku 1943 v Muane v Jeonnamskej provincii v Kórejskej republike. V jeho dvadsiatich rokoch sedem rokov trpel mnohými nevyliečiteľnými chorobami a bez nádeje na uzdravenie čakal na smrť. Jedného dňa, na jar v roku 1974, ho sestra vzala do kostola, a keď pokľakol k modlitbe, živý Boh ho ihneď uzdravil zo všetkých chorôb.

Odkedy Dr Lee stretol živého Boha prostredníctvom tejto úžasnej skúsenosti, celým srdcom úprimne miluje Boha. V roku 1978 bol povolaný, aby sa stal Božím služobníkom. Vrúcne sa modlil, aby mohol jasne pochopiť Božiu vôľu, úplne ju splniť a dodržiavať celé Božie slovo. V roku 1982 založil Manminskú centrálnu cirkev v Soule v Kórei. V jeho cirkvi sa uskutočňuje nespočetné množstvo Božích skutkov, vrátane zázračných uzdravení a zázrakov.

V roku 1986 bol Dr Lee vysvätený za pastora na výročnom zhromaždení Ježišovej Sungkyulskej cirkvi v Kórei a o štyri roky neskôr, v roku 1990, začali vysielať jeho kázne v Austrálii, v Rusku, na Filipínach a v mnohých ďalších krajinách prostredníctvom rozhlasových staníc Far East Broadcasting Company, Asia Broadcast Station a Washington Christian Radio System.

O tri roky neskôr, v roku 1993, bola Manminská centrálna cirkev vybraná kresťanským časopisom Christian World (USA) za jednu z „50 najlepších svetových cirkví" a z univerzity Christian Faith College na Floride v USA dostal Dr. Lee čestný doktorát bohoslovia. V roku 1996 na teologickom seminári Kingsway Theological Seminary in Iowa v USA dosiahol PhD.

Od roku 1993 Dr Lee vedie svetovú evanjelizáciu prostredníctvom mnohých zahraničných výprav do Tanzánie, Argentíny, Baltimore City, Los Angeles, na Havaj, a do New Yorku v USA, Ugandy, Japonska, Pakistanu, Kene, na Filipíny, Hondurasu, do Indie, Ruska, Nemecka, Peru, Demokratickej republiky Kongo, Izraela a Estónska.

V roku 2002 bol hlavnými kresťanskými novinami Christian newspapers v Kórei nazvaný „celosvetovým pastorom" kvôli jeho práci na rôznych zámorských výpravách. Zvlášť jeho výprava do New Yorku v roku

2006, ktorá sa konala na námestí Madison Square Garden, najväčšej svetoznámej aréne, bola vysielaná 220 národom, a jeho výprava do Izraela v roku 2009, ktorá sa konala v Medzinárodnom kongresovom centre (ICC) v Jeruzaleme, kedy smelo vyhlásil, že Ježiš Kristus je Mesiáš a Spasiteľ.

Jeho kázne sú vysielané do 176 krajín pomocou satelitov, vrátane GCN TV. V roku 2009 a 2010 bol populárnym ruským kresťanským časopisom *In Victory* a spravodajskou agentúrou *Christian Telegraph* zaradený medzi „desiatich najvplyvnejších kresťanských vodcov" pre jeho presvedčujúcu cirkevnú službu prostedníctvom televízneho vysielania a jeho cirkevné pôsobenie v zahraničí.

Od júla 2013 má Manminská centrálna cirkev kongregáciu s viac ako 120 000 členmi. Má 10 000 filiálok po celom svete, vrátane 56 domácich filiálok a viac ako 123 misionárov bolo poslaných do 23 krajín, vrátane Spojených štátov amerických, Ruska, Nemecka, Kanady, Japonska, Číny, Francúzska, Indie, Kene a mnoho ďalších krajín.

K dátumu tohto uverejnenia je Dr. Lee autorom 88 kníh, vrátane bestsellerov *Ochutnať večný život pred smrťou, Môj život Moja Viera I & II, Posolstvo kríža, Miera viery, Nebo I & II, Peklo, Prebuď sa, Izrael!* a *Božia moc*. Jeho diela sú preložené do viac ako 76 jazykov.

Jeho kresťanský stĺpec je vydávaný v časopisoch *The Hankook Ilbo, The JoongAng Daily, The Chosun Ilbo, The Dong-A Ilbo, The Munhwa Ilbo, The Seoul Shinmun, The Kyunghyang Shinmun, The Korea Economic Daily, The Korea Herald, The Shisa News* a *The Christian Press*.

Dr Lee je v súčasnej dobe vedúcou osobnosťou mnohých misijných organizácií a združení: Pozície, ktoré zastáva sú: predseda spoločnosti The United Holiness Church of Jesus Christ; prezident spoločnosti Manmin World Mission; permanentný prezident spoločnosti The World Christianity Revival Mission Association; zakladateľ & predseda komisie spoločnosti Global Christian Network (GCN); zakladateľ & predseda komisie spoločnosti World Christian Doctors Network (WCDN); a zakladateľ & predseda komisie spoločnosti Manmin International Seminary (MIS).

Ďalšie silné knihy od rovnakého autora

Nebo I & II

Podrobný nákres nádherného životného prostredia, z ktorého sa tešia nebeskí príslušníci a krásny popis rôznych úrovní nebeského kráľovstva.

Posolstvo kríža

Úžasné posolstvo prebudenia pre všetkých ľudí, ktorí sú duchovne spiaci! V tejto knihe nájdete dôvod, prečo je Ježiš jediný Spasiteľ a naozajstnú lásku Boha.

Peklo

Úprimné posolstvo Boha celému ľudstvu, ktorý chce, aby ani jedna duša nepadla do hlbín pekla! Objavíte nikdy predtým neodhalený opis krutej reality Dolného podsvetia a pekla.

Duch, Duša a Telo I & II

Sprievodca, ktorý nám dáva duchovné porozumenie ducha, duše a tela a pomáha nám zistiť druh nášho „ja", aby sme mohli získať moc poraziť temnotu a stať sa duchovným človekom.

Miera Viery

Čo je to za príbytok, vence a odmeny, ktoré sú pre vás pripravené v nebi? Táto kniha poskytuje múdre pokyny pre vás o tom, ako merať vieru a dosiahnuť tú najlepšiu a najzrelšiu vieru.

Prebuď sa, Izrael

Prečo Boh dohliadal na Izrael od začiatku sveta až dodnes? Aká Božia prozreteľnosť bola pripravená na posledné dni pre Izrael, ktorý čaká na Mesiáša?

Môj Život Moja Viera I & II

Najvoňavejšia duchovná vôňa získaná zo života, ktorý kvitol s neporovnateľnou láskou k Bohu, uprostred temných vĺn, studeného jarma a najhlbšieho zúfalstva.

Božia moc

Musíte si prečítať túto knihu, ktorá slúži ako základný sprievodca na získanie pravej viery a okúsenie úžasnej Božej moci.

www.urimbooks.com

www.ingramcontent.com/pod-product-compliance
Lightning Source LLC
LaVergne TN
LVHW041808060526
838201LV00046B/1172